BABYBREI

GESUND & EINFACH VOM 1. BREI BIS ZUR FAMILIENKOST

Mit **HEBAMMEN-SPECIAL** und praktischen **MUTTER-KIND-REZEPTEN**

Désirée Peikert

EIN BUCH DER
EDITION MICHAEL FISCHER

INHALT

Vorwort	4
Beikosteinführung	6
Hebammen-Special	10

Ab dem 5. Monat

Erster Möhrenbrei	19
Erster Pastinakenbrei	21
Saftig grüner Spinatbrei	23
Kichererbsen-Möhren-Brei	25
Nahrhafter Kürbis-Hirsebrei	27
Fruchtiger Bananen-Apfel-Pfirsich-Brei	29
Bananen-Trauben-Reisbrei	31
Gesunder Apfel-Bananen-Grießbrei	33
Fruchtiger Getreidebrei	35
Süßer Pfirsich-Hirsebrei	37
Gemüse-Fleisch-Brei auf Vorrat	39
Fleischbrei auf Vorrat	41
Pastinaken-Kartoffel-Fleischbrei	43

Ab dem 6. Monat

Auberginen-Möhren-Gurken-Brei	47
Bunter Möhren-Sellerie-Brei	49
Kürbis-Kartoffel-Fleischbrei	51
Möhren-Mais-Fleischbrei	53
Rote-Bete-Lachs-Brei	55
Süßkartoffel-Puten-Brei	57
Polenta-Apfel-Brei	59
Birnen-Dinkelbrei	61
Gute-Nacht-Brei mit Mangopüree	63
Süßer Vanille-Grießbrei	65
Schneller Keksbrei	67
Zwiebackbrei mit Heidelbeeren	69

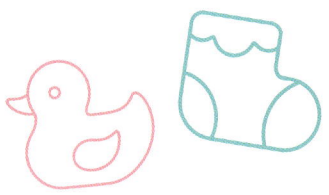

Ab dem 8. Monat

Möhrenbrei mit Kohlrabi und Reis	73
Reichhaltiges Rahmgemüse	75
Kürbis-Graupenbrei	77
Blumenkohl-Kartoffel-Fleischbrei	79
Fenchel-Zucchini-Puten-Brei	81
Schinken-Gemüse-Nudel-Brei	83
Lamm mit Süßkartoffel	85
Hackfleisch-Möhren-Mais-Brei	87
Gemüse-Hühnereintopf mit Nudeln	89
Couscousbrei mit Gemüse	91
Brokkoli-Kartoffel-Fischbrei	93
Bananen-Mango-Püree	95
6-Korn-Brei mit Pflaume	97

Ab dem 10. Monat

Steckrüben-Möhren-Brei	101
Leckerer Tomatenrisotto	103
Grüne Spinatnudeln	105
Gesunder Möhrenaufstrich	107
Erbsenbrei mit Lachs	109
Nudeln mit Bolognesesauce	111
Kürbis-Lachs-Nudeln	113
Erste Leberwurst	115
Grießbrei mit Erdbeerpüree	117
Milchreis mit Apfelkompott	119
Chia-Pudding mit Mangopüree	121
Energiereiches Müsli	123
Leckeres Bananeneis	125
Knusprige Dinkelstangen	127

Mama-Baby-Rezpte

Hähnchen mit Kohlrabi, Möhre und Kartoffel	131
Graupenrisotto mit Möhren, Fenchel und Oliven	133
Rindfleischstreifen mit grünem Gemüse und Kartoffelbrei	135
Lachsfilet mit Polenta und buntem Ofengemüse	137
Grießauflauf mit Aprikosen und Vanille	139
Register	140
Adressen, die weiterhelfen	142
Danksagung	143
Über die Autorin	143
Impressum	144

VORWORT

Ein neuer Lebensabschnitt beginnt. Ihr Baby hat sich die letzten Monate wahnsinnig schnell entwickelt. Eben noch Säugling, entfaltet es sich jetzt immer mehr zum fröhlichen Baby. Die ersten Monate hat allein Mutter- oder Säuglingsmilch gereicht, um Ihren Liebling mit allen wichtigen Nährstoffen zu versorgen. Nun ist es Zeit, mit der Beikost zu beginnen. Den Anfang machen einige Löffel fein püriertes Gemüse. Nach und nach kommen Kartoffeln und andere Gemüsesorten dazu, bevor nach einigen Tagen auch Fleisch und Fisch zum Einsatz kommen.

Ich hoffe, ich kann Ihnen mit diesem Buch Mut machen, es auszuprobieren. Sehen Sie die ersten Seiten als Orientierungshilfe. Jedes Baby ist anders und hat sein eigenes Tempo. Was dem einen Baby gut bekommt, verträgt das nächste Baby erst nach einiger Zeit. Vertrauen Sie auf Ihren Mutterinstinkt. Beobachten Sie Ihr Baby und lassen Sie sich Zeit.

Fertige Gläschen brauchen Sie dazu nicht. Kochen Sie selbst. Die Vorteile liegen auf der Hand. Sie bestimmen, was hineinkommt. Zusatzstoffe und Konservierungsmittel haben in Babynahrung nichts verloren. Ein bisschen Obst, Gemüse, Fleisch oder Fisch und Öl reichen, um tolle Babybreie zu kreieren.

Und keine Sorge, alle Rezepte in diesem Buch sind einfach gehalten und lassen sich prima in den Alltag integrieren. Ab Seite 129 finden Sie auch raffinierte Mama-Baby-Rezepte.

Ein bisschen Geduld ist sicher gefragt, bis das Baby sich an die neue Nahrung und an den Löffel gewöhnt. Und sicherlich wird der eine oder andere Löffel nicht im Mund des Babys landen, die Hand mal in den Brei patschen oder Ähnliches passieren. Aber es lohnt sich.

Denn Sie setzen den Grundstein für eine gesunde und ausgewogene Ernährung. Und ehe Sie sichs versehen, sitzt das Baby mit Ihnen am Tisch und nimmt am Familienessen teil.

Ich wünsche Ihnen viel Spaß beim Kochen und genießen Sie die Zeit mit Ihrem Kind.

Ihre

GESUND & EINFACH

Babynahrung selbst kochen geht echt fix. Obst und Gemüse sind in Nullkommanichts mit dem Stabmixer zerkleinert und beim schonenden Kochvorgang bleiben die Vitamine und Nährstoffe weitgehend erhalten. Außerdem wissen Sie genau, was Ihr Baby isst, und haben es selbst in der Hand, auf Salz und Zucker in der Babynahrung zu verzichten. Denn gerade Salz überfordert die Nieren von Babys. Die ersten Monate reicht Mutter- oder Säuglingsmilch. Damit ist Ihr Baby optimal versorgt. Dann wird es allerdings immer aktiver. Um sich gesund entwickeln zu können, braucht es viel Energie und Nährstoffe. Gleichzeitig ist das Verdauungssystem Ihres Lieblings aber noch nicht voll ausgereift und der Magen noch recht klein. Deswegen ist es wichtig, langsam und mit Miniportionen mit der Beikost anzufangen. Außerdem sollten die Mahlzeiten sorgfältig zusammengestellt sein und der steigende Eisenbedarf dabei berücksichtigt werden. Die Umstellung von Mutter- oder Säuglingsmilch auf Beikost sollte schonend passieren. Ersetzen Sie nach und nach eine Milchmahlzeit durch eine Breimahlzeit. Sodass nach etwa einem Monat drei Milchmahlzeiten durch verschiedene Breimahlzeiten ersetzt werden. Beginnen Sie am besten mit dem Mittagsbrei. So hat Ihr Baby bis zum Abend ausreichend Zeit, die neue und anfangs ungewohnte Nahrung zu verdauen. Möhren, Kürbis oder Pastinaken eignen sich hervorragend für die ersten Breiversuche, da sie etwas süßlich schmecken. Der süße Geschmack wird von den meisten Babys bevorzugt. Achten Sie bei Obst und Gemüse auf eine gute Qualität. Es lohnt sich, auf Bio-Produkte zurückzugreifen. Denn viele konventionelle Obst- und Gemüsesorten sind gespritzt und womöglich mit Pestiziden belastet. Für die Rezepte in diesem Buch habe ich ausschließlich Bio-Produkte verwendet.

BEIKOSTEINFÜHRUNG

Lassen Sie Ihrem Baby so viel Zeit wie nötig. Es muss erst lernen, von einem Löffel zu essen. Die Bewegungsabläufe vom Saugen zum Essen sind komplett unterschiedlich. Außerdem sind die Temperatur, die Konsistenz und der Geschmack neu für Ihr Kleines. Der Weg zum Familienessen erfolgt in drei Breietappen. Am Anfang steht ein sehr fein pürierter Gemüsebrei. Nach und nach kann die Konsistenz dann gröber werden. Die ersten Tage sollten Sie bei einer Gemüsesorte bleiben. Nach einigen Tagen können Sie dem Gemüsebrei dann Kartoffeln und etwas Rapsöl untermischen. Erst im nächsten Schritt kommt dann Fleisch dazu. Fleisch ist für Ihr Baby ein wichtiger Eisenlieferant und sollte etwa viermal in der Woche auf dem Speiseplan stehen. Auch Getreideflocken wie Hirse oder Hafer sind gute Eisenlieferanten. Allerdings sollten Sie dann auf Milchprodukte verzichten, da diese die Eisenaufnahme behindern. Meistens wird den Breirezepten auch etwas Saft als Vitamin-C-Lieferant beigemischt. Auch dadurch wird die Eisenaufnahme unterstützt. Natürlich eignet sich dazu auch ein Obstpüree. Je mehr Brei Ihr Baby bekommt, desto mehr Flüssigkeit braucht es. Eine Flasche oder ein Trinklernbecher mit Wasser ist dafür prima. Auch ungesüßte Kräuter- oder Früchtetees eignen sich gut. Auf Saft sollten Sie verzichten, da Babys sich schnell an den süßen Geschmack gewöhnen und dann Wasser verschmähen. Das ist für die späteren Zähne von Nachteil.

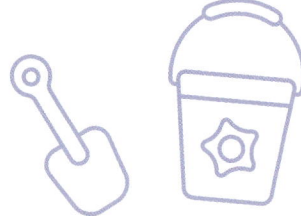

DIE DREI BREIETAPPEN

1 GEMÜSEBREI MITTAGS

Den Anfang bei der Beikosteinführung macht der Gemüsebrei. Für den ersten Brei pürieren Sie Möhre, Pastinake oder Kürbis sehr fein. Am Anfang kann dieser Brei auch mit etwas Mutter- oder Säuglingsmilch angereichert und verdünnt werden. Die ersten Tage wird das Baby nur ein paar kleine Löffel essen. Das ist normal und sollte langsam gesteigert werden. Auch ist es ratsam, die ersten Tage bei einem Rezept mit nur einer Gemüsesorte zu bleiben. So können sich Ihr Baby und sein Verdauungssystem schonend auf die neue Kost umstellen. Nach und nach können Kartoffel und Öl mit untergemixt werden und dann im letzten Schritt Fleisch.

2 MILCHBREI ABENDS

Nachdem sich Ihr Baby an den Gemüse-Fleisch-Brei gewöhnt hat, kommt nun der nächste Schritt: der kalorienreiche Milchbrei. Abends kann er die Stillmahlzeit ersetzen. Mitunter verhilft er zum Durchschlafen. Am besten verwenden Sie für den Brei Muttermilch oder HA-Nahrung (hypoallergene Nahrung) und Vollkorngetreideflocken. Getreide ist wichtig für Ihr Baby, denn es ist ein bedeutender Kohlenhydratlieferant. Ab dem 6. Monat verträgt Ihr Baby auch Kuhmilch in kleinen Mengen. Am Anfang können Sie die Milch mit Wasser verdünnen. Dann ist der Brei allerdings nicht mehr so reichhaltig und sättigt nicht so lang wie ein reiner Milchbrei. Wenn Sie den Brei lieber mit einer Flasche statt mit einem Löffel füllern möchten, verdünnen Sie ihn und nutzen Sie einen Kreuzschlitzsauger.

3 GETREIDE-OBST-BREI NACHMITTAGS

Der Nachmittagsbrei ist die dritte Mahlzeit, die ersetzt wird. Dieser Brei besteht aus Wasser, Getreideflocken, Obstpüree und etwas Fett wie Butter oder Rapsöl. Hier können Sie auch rohes Obst verwenden. Das lässt sich im Nu zubereiten. Butter oder Rapsöl enthalten Vitamin B, D und ungesättigte Fettsäuren. Nur Obstbrei macht nicht satt. Später kommen noch Frühstück, Abendbrot und eine kleine Zwischenmahlzeit dazu.

DAS ERSTE JAHR

Die folgende Tabelle hilft Ihnen bei der richtigen Obst- und Gemüseauswahl. Ein kurzer Blick auf das Alter Ihres Babys genügt, um zu wissen, ob es schon bereit für das entsprechende Obst oder Gemüse ist. So können Sie bei der Brei-Zusammenstellung selbst kreativ sein und immer wieder anderes Obst und Gemüse miteinander kombinieren. Denken Sie aber bitte immer daran, dem Brei etwas Rapsöl zuzufügen.

1. – 4. MONAT	5. UND 6. MONAT
Muttermilch oder Säuglingsmilch	Muttermilch oder Folgemilch
	Möhre
	Pastinake
	Kürbis
	Kartoffel, Süßkartoffel
	Knollensellerie
	Steckrübe
	Kohlrabi
	Gurke
	Fenchel
	Zucchini
	Vollkorngetreideflocken
	Grieß
	Polenta
	Kuhmilch in kleinen Mengen
	mageres Fleisch vom Rind, Schwein, Lamm oder Geflügel
	Apfel
	Birne
	Banane
	Melone
	Heidelbeeren
	Avocado
	Butter, Rapsöl

7. UND 8. MONAT

Blumenkohl

Staudensellerie

Mais

Spargel

Brokkoli

Spinat

Mangold

Spitzkohl

Vollkornnudeln

Mango

Fisch

9. UND 10. MONAT

Kiwi

Aprikose

Beeren

Tomate

Erbsen

Chinakohl

Kräuter

Brot

Graupen

pasteurisierter und milder Käse

Ei

11. UND 12. MONAT

Langsam gewöhnt sich das Baby an die Familienkost. Es wächst zum Kleinkind heran und darf alles mitessen. Trotzdem sollte mit dem Salz sparsam umgegangen werden.

Ab dem 6. Monat muss das Leitungswasser nicht mehr zwingend abgekocht werden. In Deutschland kann das Leitungswasser im Normalfall für die Zubereitung von HA-Nahrung genutzt werden, es sei denn, Sie wohnen in einem alten, unsanierten Haus mit Bleirohren. Wenn Sie Ihrem Leitungswasser nicht vertrauen, können Sie abgefülltes Wasser mit dem Zusatz „Für die Zubereitung von Säuglingsnahrung geeignet" kaufen. Dieses Wasser unterliegt garantiert den gesetzlichen Bestimmungen und Grenzwerten.

FRAGEN AN DIE EXPERTIN

KERSTIN LÜKING IST HEBAMME UND SIEBENFACHE MAMA MIT LEIB UND SEELE. SIE HAT BEREITS ÜBER 3000 FAMILIEN BETREUT UND HAT ZU JEDEM THEMA EINEN TIPP PARAT. AB WANN IHR BABY REIF FÜR DIE BEIKOST IST UND WORAUF SIE BEI DER BABYERNÄHRUNG ACHTEN SOLLTEN, ERKLÄRT SIE AUF DEN FOLGENDEN SEITEN. MEHR TIPPS VON KERSTIN GIBT ES AUF WWW.MUTTERKUTTER.DE.

LIEBE KERSTIN ...

WAS BEDEUTET ÜBERHAUPT BEIKOST?

Als Beikost wird alles bezeichnet, was Ihr Baby außer Muttermilch und Säuglingsnahrung gefüttert bekommt. Dazu zählen unter anderem: Gemüse, Obst, Getreide, Fleisch, Fisch und Öl.

AB WANN KANN ICH MIT DER BEIKOST BEGINNEN?

Die WHO (Weltgesundheitsorganisation) empfiehlt ein ausschließliches Stillen in den ersten 6 Monaten. Zwischen dem 6. und 7. Lebensmonat kann dann mit der Beikosteinführung begonnen werden. Babys sollten allerdings eindeutige Reifezeichen zeigen, welche sie zur Aufnahme der Beikost benötigen. Greift das Baby mit den Händchen zum Löffel oder verfolgt es ständig seine essende Mutter mit den Augen, ist das noch lang kein Reifezeichen. Eindeutige Zeichen sind selbstständiges Sitzen und der Wegfall des Zungenstreckreflexes. Das bedeutet, dass Ihr Baby nicht mehr die Nahrung ausspuckt, die Sie mit dem Löffel füttern. In der Regel hat man dann einen fleißigen kleinen Esser am Tisch sitzen, der mit Freude seinen kleinen Mund aufsperrt und ordentlich futtert.

WELCHE LEBENSMITTEL SIND DIE BESTEN FÜR MEIN BABY?

Gehen Sie bei der Auswahl der Nahrung immer nach den Leitsätzen: „Du bist, was du isst" und „regional und saisonal". Billige Angebote aus dem Supermarkt von Obst im Winter, das eigentlich im Sommer bei uns im Garten wächst, ist sicherlich nicht die richtige Auswahl für Ihr Baby. Suchen Sie sich also einen Markthändler oder Bio-Laden Ihres Vertrauens mit frischem Obst und Gemüse aus der Umgebung, wo Sie sicher sein können, dass keine chemisch-synthetischen Pflanzenschutzmittel auf dem Acker versprüht wurden. Sie sind auch keine schlechte Mutter, wenn Sie gelegentlich Gläschenkost füttern, da die Lebensmittelkontrollen extrem streng sind und selten eine Katastrophe zu befürchten ist. Der Nachteil an den fertigen Produkten ist jedoch der Anteil an Gewürzen, Salz, Aroma, Süßungsmitteln und Fleischbrühen, durch die der Geschmack deutlich verändert wird. Das führt unter anderem dazu, dass die mit Liebe selbst gekochten Breie dann eventuell verschmäht werden.

MUSS ES BIO SEIN?

Heutzutage werden auch konventionelles Obst und Gemüse stark kontrolliert. Um auf Nummer sicher zu gehen, sollten Sie jedoch Obst und Gemüse gründlich waschen oder besser noch schälen. Trotzdem sind Bio-Produkte natürlich besser. Damit fördern Sie auch die Nachhaltigkeit und die

Umwelt. Wenn Sie aber einen Bauern um die Ecke haben, der konventionelles Obst und Gemüse anbietet, ist das eine gute Alternative zu dem oft eingeschweißten Obst und Gemüse aus dem Supermarkt.

MIT WELCHEN LEBENSMITTELN SOLL ICH STARTEN?

Das Essen für ein Baby lässt sich ganz gut altersentsprechend einteilen. Dadurch bekommt es auch seine benötigten Vitamine und Mineralstoffe.

Für den Anfang kann man mit folgenden Gemüsen starten (siehe Seite 8–9): weiße Möhre (Vitamin C, Kalium, Eisen), Kürbis (Betacarotin, Vitamin A, Magnesium, Kalzium, Kalium), Pastinake (Magnesium, Kalzium, Eisen, Kalium), Kartoffel (Vitamin C, Vitamin B_1 und B_6), Süßkartoffel (Kalium, Magnesium, Eiweiß, Vitamin B_6), Fenchel (Vitamine A, K, E und C), Zucchini (Vitamin A, Kalzium, Vitamin B_1, B_2 und B_6). Dazu gibt man einen Esslöffel Orangensaft und einen Teelöffel Rapsöl. Das Öl wird dabei zur Aufnahme der fettlöslichen Vitamine A, D, E und K verwendet.

Klappt das schon ganz gut mit dem Gemüse, gibt man im nächsten Schritt Rindfleisch und Lachs in Bio-Qualität dazu. In der Regel sind diese Lebensmittel die „Starter" für das Mittagessen. Verträgt das Baby alles gut und man möchte einen Frühstücks- oder Abendbrei einführen, kann man dies mit Hirse, Dinkel, Siebenkorn- oder Haferbrei tun. Diese Breie können mit abgepumpter Muttermilch, Pre-Säuglingsnahrung oder Wasser angerührt werden. Ab dem 6. Monat verträgt Ihr Baby auch Kuhmilch in kleinen Mengen. Ich empfehle es jedoch erst ab dem 1. Lebensjahr. Um ein wenig Geschmack in den oft „pappigen" Brei zu bekommen, können Sie anstatt Obst auch vom Mittagsgemüse ein paar Löffel untermengen. Damit ist der Abendbrei lang anhaltend sättigend. Denn ein süßer Brei am Abend kann Ihr Baby auch relativ schnell wieder hungrig werden lassen. Testen Sie aus, was sich am besten eignet. Der Obstbrei ist auch gut für das Frühstück oder als Zwischenmahlzeit geeignet. Dazu kann man etwas Birnenkompott (Vitamine A, B, C und Folsäure) oder zerquetschte Banane (Vitamin B_6, Kalium und Magnesium) geben.

WELCHE LEBENSMITTEL SIND TABU?

Vorsicht ist geboten bei Honig. Der sollte erst nach dem 1. Lebensjahr gegeben werden. Er kann Botulismus-Bakterien enthalten. Diese können für Babys tödlich sein. Auch Joghurt und Quark sollten erst nach dem 1. Lebensjahr auf dem Speiseplan stehen. Auch sollte auf Zucker und Salz verzichtet werden. Gerade Salz belastet die kleinen Nieren stark. Spinat sollte nur frisch gefüttert werden und darf nicht aufgewärmt werden, da das Nitrat dabei in Nitrit umgewandelt wird. Kann ich Brei auf Vorrat kochen?

Sie können die Babybreie ohne Probleme auf Vorrat kochen und einfrieren. Hierfür den heißen Brei sofort portionsweise in Plastikbecher, Gläschen oder in einer Eiswürfelform einfrieren und am Abend vor dem Gebrauch im Kühlschrank auftauen lassen. So lassen sich die Breie ohne Qualitätsverlust bis zu zwei Monate aufbewahren. Eine zweite Portion für den nächsten Tag kann auch im Kühlschrank aufbewahrt werden, allerdings sollten Sie auch hier den heißen Brei sofort kühl stellen. Lassen Sie die Breie niemals bei Zimmertemperatur auskühlen, um Bakterienbildung zu vermeiden!

WAS DARF MEIN BABY TRINKEN?

Sobald Ihr Baby feste Nahrung zu sich nimmt, sollten Sie ihm zusätzlich etwas zum Trinken anbieten. Am besten zu jeder Mahlzeit.

Fruchtsäfte können eine Obstmahlzeit ersetzen. Allerdings ist dies nicht empfehlenswert. Denn Fruchtsäfte sind keine Durstlöscher und sehr süß. Dies ist für die späteren Zähne schädlich und auch die Kalorien sind sehr reichlich. Wenn es unbedingt Saft sein muss, dann stark verdünnt mit Wasser.

Tees sind, mit gewissen Ausnahmen, empfehlenswert. Bitte verwenden Sie keine gesüßten Instanttees. Stattdessen lieber frisch aufgebrühte und ungesüßte Kräutertees. Früchtetees sind auch erlaubt. Allerdings sind sie teilweise säurehaltig, was für den Zahnschmelz nicht gesund ist. Schwarzer und grüner Tee sind ungeeignet.

Wasser eignet sich am besten. Es ist der ideale Durstlöscher. In unserer Region kann in der Regel Leitungswasser genommen werden, da es streng kontrolliert wird. Zimmertemperatur ist genau richtig. Wenn Sie lieber Mineralwasser zu trinken geben, dann stille Sorten mit niedrigem Nitratgehalt. Spezielles Babywasser (siehe Seite 9) brauchen Sie nicht zu kaufen, außer Sie vertrauen Ihrem Leitungswasser nicht. Informationen zu Ihrem Leitungswasser können Sie bei Ihrem Wasserversorger erfragen.

MEIN BABY VERWEIGERT DAS ESSEN, WAS KANN ICH TUN?

Häufig tritt das Phänomen ein, dass nach Tagen oder Wochen guter Mittagsmahlzeiten der Kopf abrupt zur Seite gedreht und das Essen verschmäht wird. Deswegen sollte man sich keinen Stress machen. Das kommt immer wieder vor, wenn zum Beispiel neue Geschmacksrichtungen oder verschiedene Konsistenzen ausprobiert werden. Pausieren Sie ein paar Tage und versuchen dann einen neuen Start. Dann geht es oft wieder ohne Probleme. Vergessen Sie nicht, Ihrem Baby zur Beikost etwas zu trinken in Form von Wasser oder ungesüßtem Tee anzubieten.

KANN ICH MEIN BABY VEGETARISCH ODER VEGAN ERNÄHREN?

Eine vegetarische Ernährung von Babys ist möglich, sie sollte allerdings vielfältig und nährstoffreich sein. Vor allem sollten Sie auf eine ausreichende Eisen- und Vitamin-B-Zufuhr achten. Bei dieser Ernährungsform werden nur Produkte verwendet, die vom lebenden Tier stammen (wie Eier und Milch). Also in diesem Fall kein Fleisch, was zu einem Mangel an Eisen führen kann. Durch Getreide lässt sich einem Eisenmangel vorbeugen. Jedoch hemmen Milchprodukte die Eisenaufnahme, während Vitamin C die Aufnahme steigert. Daher sollten Sie immer einen Esslöffel Orangensaft unter das Essen mengen und Gemüse-Getreide-Breie milchfrei zubereiten. Fantastisch ist natürlich die Verwendung einer frischen Bio-Orange, die man selbst auspresst. Neben Milchprodukten als wichtiger Proteinquelle ist auch Fisch ein sehr guter Eiweißlieferant, den auch manche Vegetarier zu sich nehmen und nicht vom Speiseplan ausgrenzen. Eine vegane Ernährung sollte man, wenn überhaupt, immer mit dem Kinderarzt absprechen, damit eventuell auftretende Mangelerscheinungen schnellstmöglich ausgeglichen werden können. Empfohlen wird eine vegane Ernährung, also eine Meidung aller Lebensmittel tierischen Ursprungs, für Babys jedoch nicht.

ALLERGIEN

Das Thema Allergie ist natürlich wichtig. Trotzdem möchte ich an dieser Stelle sagen: Lassen Sie sich nicht verrückt machen. Sie kennen Ihr Baby am besten und wenn Sie ein paar Dinge im Blick haben, brauchen Sie sich wenig Gedanken zu machen.

Lange Zeit wurde vor Kuhmilch und Fisch gewarnt. Diese Ansichten sind allerdings schon wieder veraltet. Richtig ist, dass Kuhmilch erst frühestens ab dem 6. Monat in kleinen Mengen, besser noch ab dem 1. Lebensjahr, gefüttert werden sollte. Und Fisch sagt man mit den darin enthaltenen ungesättigten Fettsäuren eine positive Wirkung nach. Die beste Art, Allergien vorzubeugen, ist das Stillen und danach eine vielfältige Beikost anzubieten. Auch glutenhaltige Getreidesorten sollten ruhig gefüttert werden. Gefahr besteht nur bei einer entsprechenden Veranlagung. Dann kann es eine Zöliakie auslösen. Zöliakie ist eine Unverträglichkeit gegenüber Gluten, einem Eiweiß, das in Weizen, Dinkel, Gerste und Roggen enthalten ist. Hafer kann, aufgrund des Produktionsverfahrens, Gluten enthalten. Der frühzeitige Kontakt zu möglichst vielen unterschiedlichen Lebensmitteln kann der Allergieprävention dienen. Sprechen Sie vor der ersten Beikost mit Ihrem Kinderarzt, welche Lebensmittel Sie im Brei verarbeiten wollen.

WIE KANN ICH ALLERGIEN VORBEUGEN?

Als beste Allergieprophylaxe gilt natürlich die Muttermilch. Ist das Stillen nicht möglich oder erwünscht, sollten Sie auf eine hypoallergene Säuglingsnahrung (HA-Nahrung) zurückgreifen. Wenn Sie mit der Beikost beginnen, führen Sie zunächst ein Lebensmittel nach dem anderen ein. Man kann so besser Unverträglichkeiten, wie zum Beispiel Pustelbildungen und Rötungen, die überwiegend im Mundbereich auftreten, beobachten und das entsprechende Lebensmittel „aussortieren".

Es gibt aber noch andere Faktoren, die eine Allergiedisposition begünstigen! Ist das Allergierisiko in Ihrer Familie sehr hoch, sollten Sie zum Beispiel die Haltung von Katzen überdenken. Hundehaar macht in der Regel keine großen Probleme.

Auch Schimmelpilze sind von großer Bedeutung. Sie erhöhen das Allergierisiko immens. Dazu sollte man auf ein trockenes Raumklima, regelmäßiges Lüften und natürlich die richtige Lagerung von Obst und Gemüse im Gemüsefach des Kühlschranks achten. Lebensmittel, die auch nur einen kleinen Anteil an Schimmelpilzbefall zeigen, dürfen nicht gefüttert werden. Schüsseln und Kühlschrankschubladen sollten regelmäßig mit Essigwasser ausgewaschen werden.

Vermeiden Sie Luftschadstoffe, mit denen Ihr Baby in Kontakt kommen kann. Kinderzimmermöbel und Teppiche müssen gut ausgelüftet werden. Neue Anziehsachen sollten immer erst gründlich gewaschen werden. Textilien in den Farben Schwarz, Rot und Dunkelblau sind besonders schadstoffbelastet und gehören ungewaschen auf keine Kinderhaut.

Passivrauchen ist ebenfalls ein großes Thema, was nachweislich das Allergie- und Asthmarisiko erhöht. Räume, in denen sich Babys und Kinder aufhalten, sollten also rauchfrei sein.

DARF ICH MEINEM BABY ZUCKER GEBEN?

Ein hoher Zuckerkonsum kann Allergien und Neurodermitis fördern und sollte möglichst vermieden werden. Ein Baby benötigt definitiv keine Süßungsmittel! Weder in Fertigtees noch in Fruchtsaugern. Im Kleinkindalter kann man Industriezucker sehr gut durch Früchte, Trockenfrüchte, Kokosblüten- oder Birkenzucker ersetzen. Einem frisch gebackenen Kuchen zum 1. Geburtstag steht damit also nichts im Weg.

WAS IST BESSER, MUTTERMILCH ODER SÄUGLINGSMILCH?

Egal, welche Milch gefüttert wird: Beide Varianten sind Flüssigkeits- und Energielieferanten. Künstliche Säuglingsnahrung kann allerdings nicht die Vorzüge der Muttermilch ersetzen. Die meiste Säuglingsnahrung wird aus Kuhmilch hergestellt. Es gilt auch hier der Satz: „Kuhmilch ist etwas für Kälbchen" und daher eigentlich nicht für einen Säugling geeignet.

Muttermilch ist sehr komplex und optimal für den Aufbau des menschlichen Gehirns, des Immun- und Verdauungssystems zusammengesetzt. Sie bietet unter anderem Schutz vor Krankheiten, enthält weiße Blutkörperchen, die Infektionen bekämpfen, unterstützt die Darmflora durch Präbiotika und enthält Hormone, die die Mutter-Kind-Bindung stärken. Muttermilch wird als „lebendige" Flüssigkeit beschrieben, die sich laufend verändert und der Entwicklung des Babys anpasst.

Säuglingsnahrung hingegen besteht neben der entrahmten Kuhmilch unter anderem aus Laktose, Ölen, Fettsäuren, zugesetzten Vitaminen und Mineralstoffen, Enzymen und Aminosäuren.

Das Problem ist, dass zusätzliche Eiweiße hinzugefügt werden müssen, damit die entsprechende Aminosäurenanzahl erreicht wird, die ein Kind zur Entwicklung braucht. Diese zusätzlichen Eiweiße führen aber durch Umwandlungsprozesse zur Fettentstehung, was viele Babys zu kleinen Buddhas werden lässt.

Wussten Sie, dass sich der Geschmack der Muttermilch durch die Aufnahme der Lebensmittel der Mutter verändert? Somit erhält das Baby jedes Mal ein neues Geschmackserlebnis, wohingegen die Säuglingsnahrung immer gleich schmeckt.

AB WANN DARF MEIN KIND VOM FAMILIENESSEN MITESSEN?

Sobald Ihr Baby selbstständig sitzen kann, ist es Zeit für den Hochstuhl. Das ist meist zwischen dem 10. und 12. Monat der Fall. Nun kann es aktiv am Familienessen teilnehmen und aus vier gleich großen Breimahlzeiten werden langsam drei Hauptmahlzeiten und ein bis zwei Zwischenmahlzeiten. Ihr Baby wird jetzt zum Kleinkind. Dem Entdeckungsdrang sind nun keine Grenzen mehr gesetzt. Nach und nach wird es immer mehr von Ihnen mitessen und probieren wollen. Allerdings sollten Sie weiterhin darauf achten, dass die Speisen nicht zu stark gesalzen sind.

WIE INTEGRIERE ICH MEIN BABY INS FAMILIENESSEN?

Diese Frage lässt sich sehr leicht beantworten, indem das Baby schon früh an gemeinsame Mahlzeiten gewöhnt wird. Wenn alle am Tisch sitzen: Mama, Papa, Geschwisterkinder! Das Baby „ist und isst" immer mit dabei. Eine schöne Möglichkeit, das Baby zu integrieren, ist das „Baby-led Weaning", also die Beikost nach Bedarf. Das Baby wird nicht mit dem Löffel gefüttert, sondern es darf selbstständig essen. Das Baby sitzt mit am Tisch und kann mit den Händen in Form von „Fingerfood" essen, was es möchte. Man kann Essen in verschiedenen Formen und Konsistenzen anbieten, dazu sind zum Beispiel gegartes Gemüse, Käse, Fisch und weiches Obst gut geeignet. Man muss sich auf eine kleine „Ferkelei" am Familientisch einstellen, aber dieses Erforschen und Lernen sind ein riesiges Vergnügen und eine große Erfahrung für Ihr Baby. Die anfänglichen Mengen, die Ihr Kind zu sich nimmt, werden zunächst nicht besonders groß sein. Wichtig ist, dass man das Baby beim Essen nicht alleine lässt und Kerne sowie große und harte Stücke vermeidet.

AB DEM
5. MONAT

mittags | kalziumreich

ERSTER MÖHRENBREI

Der süße Möhrenbrei eignet sich hervorragend, um mit der Beikost zu beginnen, und versorgt Ihr Kind optimal mit wichtigen Vitaminen.

ZUTATEN

150 g Bio-Möhren
1 TL Rapsöl
1 EL Birnen-Direktsaft

SO GEHT'S

 **1 PORTION**

1. Die Möhren waschen, schälen und in Stücke schneiden.
2. Zusammen mit etwa 200 ml Wasser in einen kleinen Topf geben und bei mittlerer Hitze in etwa 10 Minuten weich garen.
3. Etwas von der Kochflüssigkeit abgießen und die Möhren mit dem Stabmixer pürieren.
4. Zuletzt mit Rapsöl und Birnensaft verrühren. Auf etwa 37 °C abkühlen lassen und servieren.

TIPP

Statt Möhren passt auch Kürbis. Es kann auch gleich die dreifache Menge gekocht und portionsweise eingefroren werden (siehe Seite 12). Die Zeiten bleiben gleich. Später kann dem Brei der Fleischbrei von Seite 41 zugefügt werden.

mittags | vitaminreich

ERSTER PASTINAKENBREI

Gerade im Herbst sind die würzigen Pastinaken eine gute Alternative zu Möhren. Auch die Pastinake ist ein idealer Vitaminlieferant für Ihr Kind und bietet ein ganz neues Geschmackserlebnis.

ZUTATEN

150 g Bio-Pastinaken

2 TL Rapsöl

SO GEHT'S

 **1 PORTION**

1. Die Pastinaken waschen, schälen und in Stücke schneiden.
2. Die Pastinakenstücke mit 200 ml Wasser in einen kleinen Topf geben und bei mittlerer Hitze etwa 8 Minuten garen.
3. Vom Kochwasser etwas abgießen und das Gemüse entweder im Topf oder umgefüllt in einer Schüssel mit dem Stabmixer fein pürieren. Dabei das Rapsöl hinzufügen.
4. Den Pastinakenbrei auf etwa 37 °C abkühlen lassen.

TIPP

Für einen Breivorrat gleich die dreifache Menge kochen und portionsweise einfrieren (siehe Seite 12). Die Zeiten bleiben dabei gleich. Dem Brei kann später der Fleischbrei von Seite 41 zugefügt werden.

mittags | eiweißreich

SAFTIG GRÜNER SPINATBREI

Groß und stark wird Ihr Kind mit diesem leckeren Spinatbrei. Das Beimischen von Kartoffeln sättigt und liefert wichtige Eiweiße und andere Nährstoffe.

ZUTATEN

SO GEHT'S

 1 PORTION

50 g Bio-Kartoffeln
100 g Bio-Blattspinat
30 ml Apfel-Direktsaft
2 TL Rapsöl

1. Die Kartoffeln schälen und waschen. Anschließend in kleine Stücke schneiden.
2. Mit wenig Wasser bedeckt in einem kleinen Topf etwa 10 Minuten dünsten.
3. Den Spinat waschen, klein schneiden und zu den Kartoffeln geben. Alles zusammen 2 Minuten weiterdünsten.
4. Spinat und Kartoffeln mit dem Stabmixer pürieren, dabei Apfelsaft und Rapsöl hinzufügen.
5. Auf etwa 37 °C abkühlen lassen und servieren.

TIPP

Spinat sollte niemals aufgewärmt werden (siehe dazu Seite 11). Ab dem 6. Monat können im letzten Schritt noch 10 g Schmand untergerührt werden. Dann ergibt es einen schönen Rahmspinat.

mittags | sättigend

KICHERERBSEN-MÖHREN-BREI

Das Beimischen von Kartoffeln macht diesen Brei zu einem gut sättigenden Mittagsbrei. Gleichzeitig sind sie ein guter Eiweiß- und Nährstofflieferant.

ZUTATEN

SO GEHT'S

 3 PORTIONEN

250 g Bio-Möhren

50 g Bio-Kartoffeln

150 g Kichererbsen (Dose)

35 g Rapsöl

40 ml frisch gepresster Orangensaft

½ TL gemahlener Kreuzkümmel

1. Die Möhren und Kartoffeln schälen, waschen und in grobe Stücke schneiden.
2. Beides in einen Topf geben und mit wenig Wasser bedecken. Bei mittlerer Hitze etwa 10 Minuten garen.
3. Die Kichererbsen abtropfen, hinzufügen und einige Minuten weitergaren.
4. Das Gemüse mit dem Stabmixer pürieren. Dabei Rapsöl, Orangensaft und Kreuzkümmel hinzufügen.
5. Auf etwa 37 °C abkühlen lassen und servieren. Den Rest portionsweise einfrieren.

TIPP

Dem Brei kann der Fleischbrei von Seite 41 zugefügt werden.

mittags | eisenreich

NAHRHAFTER KÜRBIS-HIRSEBREI

Der Kürbis-Hirsebrei ist ein guter Eisen- und Vitamin-C-Lieferant. Das Vitamin C aus dem Orangensaft sorgt hier dafür, dass das Eisen aus der Hirse optimal aufgenommen werden kann.

ZUTATEN

- 300 g Bio-Hokkaido-Kürbis
- 20 g Hirseflocken
- 2 EL Rapsöl
- 40 ml frisch gepresster Orangensaft

SO GEHT'S

 **2 PORTIONEN**

1. Den Kürbis waschen, von Kernen und Fasern befreien und in grobe Stücke zerkleinern.
2. Die Kürbisstücke in einem Topf mit Wasser bedeckt bei mittlerer Hitze etwa 15 Minuten garen. Dann das Kochwasser abschütten, dabei etwa 140 ml für den Brei auffangen.
3. Den Topf mit den Kürbis wieder auf den Herd stellen, die Hirseflocken mit dem aufgefangenen Kochwasser hinzufügen und den Topfinhalt 2 Minuten garen.
4. Alles mit dem Stabmixer pürieren und dabei den Orangensaft hinzufügen.
5. Auf etwa 37 °C abkühlen lassen und servieren.

TIPP

Dem Brei kann der Fleischbrei von Seite 41 zugefügt werden. Sie können auch eine andere Kürbissorte verwenden. Dann aber den Kürbis schälen.

zwischendurch | vitaminreich

FRUCHTIGER BANANEN-APFEL-PFIRSICH-BREI

Apfel, Banane und Pfirsich machen diesen leckeren Brei zu einem süßen Vitaminlieferanten für Ihr Kind.

ZUTATEN

70 g Bio-Apfel
120 g Bio-Pfirsich
70 g Bio-Banane

SO GEHT'S

 **1 PORTION**

1. Den Apfel waschen, schälen und das Kerngehäuse entfernen. Das Fruchtfleisch in kleine Stücke schneiden.
2. Den Pfirsich waschen, halbieren, den Stein entfernen und das Fruchtfleisch klein schneiden.
3. Apfel- und Pfirsichstücke mit wenig Wasser in einem kleinen Topf 2–3 Minuten garen.
4. Die Banane schälen, klein schneiden und hinzufügen.
5. Den Topfinhalt mit dem Stabmixer pürieren.
6. Auf etwa 37 °C abkühlen lassen und servieren.

TIPP

Bei der Obsteinführung auf dem Baby-Speiseplan kann das Obst wie im Rezept leicht gegart werden. Generell wird das Obst frisch bzw. roh püriert.

abends | sättigend

BANANEN-TRAUBEN-REISBREI

Der süße Bananen-Trauben-Reisbrei kann durch die Zugabe von Milch ab dem 6. Monat auch zu einem sättigenden Gericht für Ihr Kind werden. Am besten eignet er sich als Brei vor dem Schlafengehen.

ZUTATEN

SO GEHT'S

 **1 PORTION**

- 20 g Vollkornreisflocken
- 30 g Bio-Banane
- 30 g kernlose Bio-Trauben

1. Die Reisflocken mit 100 ml Wasser in einem Topf verrühren und aufkochen lassen.
2. Die Herdplatte ausschalten und den Reisbrei 2 Minuten quellen lassen.
3. Die Banane schälen und klein schneiden. Die Trauben waschen. Beides in den Reisbrei rühren.
4. Den Topfinhalt mit dem Stabmixer fein pürieren.
5. Den Brei auf etwa 37 °C abkühlen lassen und servieren. Er dickt während der Abkühlzeit nach.

TIPP

Ab dem 6. Monat können Sie die 100 ml Wasser auch durch Vollmilch oder HA-Nahrung ersetzen.

abends | kalziumreich

GESUNDER APFEL-BANANEN-GRIESSBREI

Der Apfel-Bananen-Grießbrei ist eine richtige Vitaminbombe und liefert neben Vitamin A, B und C auch wichtige Mineralstoffe wie Kalzium und Eisen.

ZUTATEN

SO GEHT'S

 **1 PORTION**

- 70 g Bio-Apfel
- 20 g Vollkorngrieß
- 40 g Bio-Banane
- 1 TL Rapsöl

1. Den Apfel waschen, schälen, das Kerngehäuse entfernen und das Fruchtfleisch auf einer Küchenreibe fein reiben.
2. In einem Topf 100 ml Wasser aufkochen, unter Rühren den Grieß einrieseln und 1–2 Minuten leise köcheln lassen.
3. Die Banane schälen, mit einer Gabel zermusen und zusammen mit dem geriebenen Apfel in den Grießbrei rühren.
4. Den Topfinhalt mit dem Stabmixer fein pürieren, dabei das Rapsöl hinzufügen.
5. Den Brei auf etwa 37 °C abkühlen lassen und servieren. Er dickt während der Abkühlzeit nach.

TIPP

Bio-Obst, wie hier Apfel, kann auch mit Schale verwendet werden, da darin die meisten Nährstoffe enthalten sind.

zwischendurch | verdauungsfördernd

FRUCHTIGER GETREIDEBREI

Der fruchtige Getreide-Obst-Brei eignet sich hervorragend als kleine Zwischenmahlzeit für Ihr Kind, da er nur wenige Kalorien enthält.

ZUTATEN	SO GEHT'S	 1 PORTION

25 g Hirse-, Reis- oder Dinkelflocken

20 ml Birnen-Direktsaft

2 TL Rapsöl

1. Die Hirseflocken sowie den Saft mit 100 ml Wasser in einen Topf geben und unter Rühren aufkochen. Bei mittlerer Hitze 5–6 Minuten sanft köcheln lassen.
2. Den Topfinhalt mit dem Stabmixer pürieren und dabei das Rapsöl hinzufügen.
3. Den Brei auf etwa 37 °C abkühlen lassen und servieren. Er dickt während der Abkühlzeit nach.

TIPP

Statt Bio-Birnensaft kann auch Bio-Apfel-Direktsaft verwendet werden.

abends | vitaminreich

SÜSSER PFIRSICH-HIRSEBREI

Hirse ist ein ausgezeichneter Eisenlieferant für Ihr Kind, während der Pfirsich wichtiges Vitamin C liefert, welches die Eisenaufnahme begünstigt.

ZUTATEN

SO GEHT'S

 1 PORTION

60 g Bio-Pfirsich
20 g Hirseflocken
5 g Butter

1. Den Pfirsich waschen, halbieren, den Stein entfernen und das Fruchtfleisch klein schneiden.
2. In einem Topf 100 ml Wasser aufkochen und unter Rühren Hirseflocken sowie Pfirsich hinzufügen.
3. Den Pfirsich-Hirsebrei bei mittlerer Hitze 5–6 Minuten sanft köcheln lassen.
4. Den Topfinhalt mit dem Stabmixer pürieren und dabei die Butter zugeben.
5. Auf etwa 37 °C abkühlen lassen und servieren.

mittags | eisenreich

GEMÜSE-FLEISCH-BREI AUF VORRAT

Der Gemüse-Fleisch-Brei ist der ideale Brei, um mit der Beigabe von Fleisch zu beginnen. So werden Ihrem Kind Nährstoffe und vor allem Eisen zugeführt.

ZUTATEN

SO GEHT'S

 **3 PORTIONEN**

- 150 g Bio-Kartoffeln
- 125 g Bio-Kohlrabi
- 125 g Bio-Knollensellerie
- 60 g Bio-Hähnchenbrustfilet
- 35 g Rapsöl
- 50 ml Birnen-Direktsaft

1. Kartoffeln, Kohlrabi und Knollensellerie schälen, waschen und in kleine Stücke schneiden.
2. Das Hähnchenfleisch grob würfeln.
3. Die vorbereiteten Zutaten in einem Topf mit 200 ml Wasser geben und nach dem ersten Aufkochen bei mittlerer Hitze etwa 15 Minuten garen.
4. Vom Topfinhalt überschüssige Garflüssigkeit abgießen, Rapsöl und Birnensaft hinzufügen und alles mit dem Stabmixer fein pürieren.
5. Auf etwa 37 °C abkühlen lassen und servieren.

mittags | eisenreich

FLEISCHBREI AUF VORRAT

Mit dem Fleischbrei können einfache Gemüsebreie zu einem Eisenlieferanten werden. Auf Vorrat gekocht, ist er ganz einfach beizumischen.

ZUTATEN	SO GEHT'S	 8 PORTIONEN

250 g Bio-Fleisch (Geflügel, Rind oder Schwein)

1. Das Fleisch mit kaltem Wasser abspülen, trocken tupfen und in kleine Würfel schneiden.
2. Die Fleischwürfel mit so viel kaltem Wasser in einen Topf geben, dass alles knapp bedeckt ist.
3. Nach dem ersten Aufkochen die Hitze verringern und das Fleisch bei niedriger Hitze 15 bis 18 Minuten garen.
4. Etwas überschüssiges Kochwasser abgießen und das Fleisch mit Restflüssigkeit zu einer Paste pürieren.
5. Portionsweise einfrieren.

TIPP

Diesen Fleischbrei können Sie jedem vegetarischen Brei beifügen. Pro Portion etwa 30 g.

mittags | nahrhaft

PASTINAKEN-KARTOFFEL-FLEISCHBREI

Die mineralstoffhaltige Pastinake gibt diesem Brei einen süß-nussigen Geschmack und ist zusätzlich verdauungsfördernd für Ihr Kind.

ZUTATEN

120 g Bio-Kartoffeln
270 g Bio-Pastinake
60 g Bio-Kalbfleisch
25 g Rapsöl
60 ml Birnen-Direktsaft

SO GEHT'S 3 PORTIONEN

1. Kartoffeln und Pastinake schälen, waschen und in kleine Stücke schneiden. Das Kalbfleisch würfeln.
2. Die vorbereiteten Zutaten mit 300 ml Wasser in einen Topf geben und aufkochen. Dann bei mittlerer Hitze 12–15 Minuten garen.
3. Von der Garflüssigkeit etwas abgießen, Rapsöl und Birnensaft hinzufügen und alles mit dem Stabmixer fein pürieren.
4. Auf etwa 37 °C abkühlen lassen und servieren.

TIPP

Je nachdem, ob Ihr Baby festeren Brei bevorzugt, einfach mehr Garflüssigkeit abgießen – oder ihn lieber weicher mag, noch etwas abgekochtes Wasser beimischen.

AB DEM 6. MONAT

mittags | nährstoffhaltig

AUBERGINEN-MÖHREN-GURKEN-BREI

Dieser Gemüsebrei ist nicht nur besonders sättigend, sondern bietet Ihrem Kind auch noch eine ausgewogene Nährstoffzufuhr.

ZUTATEN

250 g Bio-Möhren
50 g Bio-Knollensellerie
100 g Bio-Salatgurke
200 g Bio-Aubergine
35 g Rapsöl
40 ml Apfel-Direktsaft

SO GEHT'S

 **3 PORTIONEN**

1. Möhren, Sellerie und Gurke schälen, waschen und in kleine Stücke schneiden. Die Aubergine waschen, putzen und passend dazu schneiden.
2. Das Gemüse in einem Topf mit so viel Wasser begießen, dass alles bedeckt ist. Einmal aufkochen und dann bei mittlerer Hitze 10–12 Minuten garen.
3. Etwas Garflüssigkeit abgießen und das Gemüse zusammen mit dem Öl und dem Saft mit dem Stabmixer pürieren.
4. Auf etwa 37 °C abkühlen lassen und servieren.

TIPP

Dem Brei kann der Fleischbrei von Seite 41 zugefügt werden.

mittags | vitaminreich

BUNTER MÖHREN-SELLERIE-BREI

Dieser Brei ist ein ausgezeichneter Vitamin-A- und -C-Lieferant. Die Möhren versorgen Ihr Kind zusätzlich auch noch mit Kalzium.

ZUTATEN

SO GEHT'S

 **3 PORTIONEN**

- 280 g bunte Bio-Möhren (weiß, orange, lila)
- 60 g Bio-Knollensellerie
- 120 g Bio-Kartoffeln
- 30 ml Apfel-Direktsaft
- 30 g Rapsöl

1. Möhren, Sellerie und Kartoffeln schälen, waschen und in kleine Stücke schneiden.
2. Das vorbereitete Gemüse mit so viel Wasser in einen Topf geben, dass alles bedeckt ist. Einmal aufkochen und dann bei mittlerer Hitze etwa 15 Minuten garen.
3. Etwas Garflüssigkeit abgießen und das weiche Gemüse mit Saft und Öl mit dem Stabmixer pürieren.
4. Auf etwa 37 °C abkühlen lassen und servieren.

TIPP

Dem Brei kann der Fleischbrei von Seite 41 zugefügt werden.

mittags | eiweißreich

KÜRBIS-KARTOFFEL-FLEISCHBREI

Der Kürbis macht diesen Brei zu einer besonders gut verdaulichen Mahlzeit für Ihr Kind und in Kombination mit Kartoffeln und Rindfleisch ist er auch noch eine gute Eiweiß- und Nährstoffquelle.

ZUTATEN

SO GEHT'S

 3 PORTIONEN

- 250 g Bio-Hokkaido-Kürbis
- 150 g Bio-Kartoffeln
- 80 g Bio-Apfel
- 90 g Bio-Rindfleisch
- 30 g Rapsöl

1. Den Kürbis waschen, von Kernen und Fasern befreien und in kleine Stücke schneiden. Die Kartoffeln schälen, waschen und in Stücke schneiden, den Apfel waschen, schälen, das Kerngehäuse entfernen und klein schneiden. Das Rindfleisch in kleine Würfel schneiden.

2. Alle vorbereiteten Zutaten in einen Topf geben und mit Wasser bedecken. Einmal aufkochen und dann bei mittlerer Hitze etwa 18 Minuten garen lassen.

3. Überschüssige Garflüssigkeit abgießen, das Öl hinzufügen und alles mit dem Stabmixer fein pürieren.

4. Auf etwa 37 °C abkühlen lassen und servieren.

TIPP

Sie können auch eine andere Kürbissorte verwenden, dann aber die Schale entfernen.

mittags | sättigend

MÖHREN-MAIS-FLEISCHBREI

Der Möhren-Mais-Rindfleisch-Brei ist nicht nur ein hervorragender Eiweiß- und Vitaminlieferant, er sättigt auch besonders gut.

ZUTATEN

SO GEHT'S

 **3 PORTIONEN**

240 g Bio-Möhren
120 g Bio-Kartoffeln
60 g Bio-Rindfleisch
40 g Bio-Mais (Dose)
30 ml Apfel-Direktsaft
25 g Rapsöl

1. Möhren und Kartoffeln schälen, waschen und in kleine Stücke schneiden. Das Rindfleisch klein würfeln.
2. Die vorbereiteten Zutaten mit dem Mais in einen Topf geben und mit Wasser bedecken. Einmal aufkochen und dann bei mittlerer Hitze 15–18 Minuten weich garen.
3. Vom Topfinhalt etwas Garflüssigkeit abgießen, Saft und Öl hinzufügen und alles mit dem Stabmixer fein pürieren.
4. Auf etwa 37 °C abkühlen lassen und servieren.

mittags | jodreich

ROTE-BETE-LACHS-BREI

Neben Omega-3-Fettsäuren liefert der Rote-Bete-Lachs-Brei vor allem auch Jod. Die Rote Bete sorgt zusätzlich für eine ausreichende Versorgung mit Vitamin B, Kalium und Eisen.

ZUTATEN

60 g Bio-Kartoffeln
100 g Bio-Rote Bete
30 g Bio-Lachsfilet
2 TL Rapsöl
30 ml Apfel-Direktsaft

SO GEHT'S

 1 PORTION

1. Kartoffeln und Rote Bete schälen, waschen und in kleine Stücke schneiden. Das Lachsfilet kalt abspülen, trocken tupfen, auf Gräten überprüfen und zerkleinern.

2. Alle vorbereiteten Zutaten in einen Topf geben und mit Wasser bedecken. Einmal aufkochen und dann bei mittlerer Hitze mit Deckel etwa 15 Minuten garen.

3. Etwas Garflüssigkeit abgießen, Öl und Apfelsaft hinzufügen und alles mit dem Stabmixer fein pürieren.

4. Auf etwa 37 °C abkühlen lassen und servieren.

mittags | eiweißreich

SÜSSKARTOFFEL-PUTEN-BREI

Ab dem 7. Monat kann dieser Brei auch stückiger zubereitet werden, um Ihr Kind an eine etwas festere Konsistenz zu gewöhnen.

ZUTATEN

SO GEHT'S

 1 PORTION

150 g Bio-Süßkartoffeln

30 g Bio-Putenfleisch

2 TL Rapsöl

30 ml frisch gepresster Orangensaft

1. Die Süßkartoffeln schälen, waschen und in kleine Stücke schneiden. Das Putenfleisch klein würfeln.
2. Süßkartoffeln und Fleisch in einen Topf geben und mit Wasser bedecken. Einmal aufkochen lassen und dann bei mittlerer Hitze 12–15 Minuten garen.
3. Etwas überschüssige Kochflüssigkeit abgießen, Öl und Saft hinzufügen und alles mit dem Stabmixer stückig pürieren.
4. Auf etwa 37 °C abkühlen lassen und servieren.

abends | vitaminreich

POLENTA-APFEL-BREI

Ab dem 6. Monat können die Breie etwas fester sein. Dieser Brei ist ein guter Start, um eine neue, festere Konsistenz für Ihr Kind einzuführen.

ZUTATEN

60 g Bio-Apfel

170 ml Vollmilch (alternativ HA-Nahrung)

25 g Polenta (Maisgrieß)

SO GEHT'S

 1 PORTION

1. Den Apfel waschen, schälen, das Kerngehäuse entfernen und das Fruchtfleisch auf einer Küchenreibe reiben.

2. Die Milch in einem Topf aufkochen und unter Rühren den Maisgrieß einrieseln lassen. Unter fortwährendem Rühren einmal aufkochen, dann den Apfel einrühren. Den Herd ausschalten und unter gelegentlichem Rühren den Maisbrei etwa 10 Minuten quellen lassen.

3. Auf etwa 37 °C abkühlen lassen und servieren.

TIPP

Der Brei kann auch püriert werden. Dann ist er noch feiner. Der Apfel muss nicht geschält werden.

abends | eiweißreich

BIRNEN-DINKELBREI

Ein sättigender und vitaminreicher Eiweißlieferant für Ihr Kind. Die Birne ist hier eine verdauungsfördernde Alternative zum Apfel.

ZUTATEN

SO GEHT'S

 **1 PORTION**

200 ml Vollmilch (alternativ HA-Nahrung)

30 g Dinkelflocken

40 g Bio-Birne

1. Die Milch in einem Topf aufkochen und unter Rühren die Dinkelflocken dazugeben. Den Herd ausschalten und den Dinkel einige Minuten quellen lassen.
2. Die Birne gründlich waschen, schälen, das Kerngehäuse entfernen und das Fruchtfleisch auf einer Küchenreibe zum Dinkel reiben.
3. Den Brei mit dem Stabmixer fein pürieren.
4. Auf etwa 37 °C abkühlen lassen und servieren.

TIPP

Statt Birne kann auch Banane, Apfel oder Pfirsich verwendet werden.

abends | sättigend

GUTE-NACHT-BREI MIT MANGOPÜREE

Ein sättigender Brei wie dieser kann helfen, dass Ihr Kind die Nacht durchschläft. Die fruchtige Mango ist zusätzlich auch noch ein klasse Vitaminlieferant.

ZUTATEN

SO GEHT'S

 **1 PORTION**

250 g Bio-Mango

200 ml Vollmilch (alternativ HA-Nahrung)

30 g Schmelzflocken

1. Die Mango schälen, das Fruchtfleisch vom Kern schneiden und würfeln. Mit wenig Wasser in einem Topf erhitzen und 2–3 Minuten sanft köcheln lassen. Mit dem Stabmixer pürieren und beiseitestellen.

2. Die Milch mit den Schmelzflocken in einem Topf unter Rühren aufkochen. Den Topf beiseiteziehen und den Brei auf etwa 37 °C abkühlen lassen. Er dickt noch nach.

3. Den Brei in eine Schale füllen und mit dem Mangopüree überziehen.

zwischendurch | eisenreich

SÜSSER VANILLE-GRIESSBREI

Der Vanille-Grießbrei ist ein einfacher Brei, der sich besonders als kleine Zwischenmahlzeit eignet.

ZUTATEN

½ Vanilleschote

200 ml Vollmilch (alternativ HA-Nahrung)

20 g Grieß

SO GEHT'S

 1 PORTION

1. Die Vanilleschote der Länge nach halbieren und vorsichtig das Mark auskratzen. Die Milch mit dem Vanillemark in einem Topf aufkochen. Den Grieß unter Rühren einrieseln lassen und einmal aufkochen. Dann bei niedriger Hitze 2 Minuten sanft köcheln lassen.

2. Auf etwa 37 °C abkühlen lassen und servieren. Der Brei dickt während der Abkühlzeit noch nach.

TIPP

Sie können auch die Hälfte der Vollmilch durch Wasser ersetzen.

zwischendurch | vitaminreich

SCHNELLER KEKSBREI

Ein süßer, leckerer Brei, der sich ideal als kleine Zwischenmahlzeit zubereiten lässt.

ZUTATEN	SO GEHT'S	 1 PORTION

ZUTATEN

30 g Babykekse

30 g Bio-Banane

200 ml Vollmilch (alternativ HA-Nahrung)

SO GEHT'S

1. Die Kekse grob zerbröseln. Die Banane schälen und mit einer Gabel zermusen.
2. Die Milch mit den Keksbröseln aufkochen und bei niedriger Hitze 3–4 Minuten leise köcheln lassen. Die Banane einrühren und alles mit dem Stabmixer fein pürieren.
3. Auf etwa 37 °C abkühlen lassen und servieren.

TIPP

Sie können auch die Hälfte der Vollmilch durch Wasser ersetzen.

zwischendurch | vitaminreich

ZWIEBACKBREI MIT HEIDELBEEREN

Der fruchtige Brei liefert Ihrem Kind viele Vitamine und ist besonders als Zwischenmahlzeit geeignet.

ZUTATEN

30 g Zwieback
100 g Bio-Heidelbeeren
20 ml Apfel-Direktsaft

SO GEHT'S

 1 PORTION

1. Den Zwieback fein zerbröseln. Die Heidelbeeren waschen.
2. In einem Topf 180 ml Wasser aufkochen und die Zwiebackbrösel einrühren.
3. Je nach gewünschter Konsistenz den Topfinhalt mit dem Stabmixer pürieren. Danach in eine Schüssel umfüllen.
4. Die Heidelbeeren mit dem Apfelsaft in einer Schüssel mit dem Stabmixer pürieren. Das Püree auf den Brei geben.
5. Auf etwa 37 °C abkühlen lassen und servieren.

AB DEM 8. MONAT

mittags | kalziumreich

MÖHRENBREI MIT KOHLRABI UND REIS

Ein ausgezeichneter Nährstofflieferant. Neben Vitamin A und C enthält dieser Brei auch Kalzium und sättigt Ihr Kind optimal.

ZUTATEN

80 g Vollkornreis

200 g Bio-Möhren

150 g Bio-Kohlrabi

60 ml frisch gepresster Orangensaft

35 g Rapsöl

SO GEHT'S  3 PORTIONEN

1. Den Reis waschen und in einem Topf mit 500 ml Wasser aufkochen. Die Hitze verringern und den Reis bei mittlerer Hitze etwa 30 Minuten garen.
2. Möhren und Kohlrabi waschen, schälen und in kleine Stücke schneiden. Etwa 10 Minuten mit dem Reis mitgaren.
3. Sobald der Reis gar ist, etwas überschüssiges Kochwasser abgießen. Den Topfinhalt mit dem Stabmixer pürieren, dabei Orangensaft und Rapsöl hinzufügen.
4. Auf etwa 37 °C abkühlen lassen und servieren.

TIPP

Dem Brei kann der Fleischbrei von Seite 41 zugefügt werden.

mittags | nährstoffreich

REICHHALTIGES RAHMGEMÜSE

Ein leckerer Gemüsebrei, der eine Vielzahl von Vitaminen und Nährstoffen für Ihr Kind liefert.

ZUTATEN

SO GEHT'S

 3 PORTIONEN

- 120 g Bio-Möhren
- 30 g Bio-Knollensellerie
- 100 g Bio-Aubergine
- 200 g Bio-Zucchini
- 70 g Muschelnudeln
- 100 ml Apfel-Direktsaft
- 25 g Rapsöl
- 40 g Schmand

1. Möhren und Knollensellerie waschen, schälen und in kleine Stücke schneiden. Aubergine und Zucchini waschen, putzen und passend dazu schneiden.
2. Möhren, Knollensellerie, Aubergine und Zucchini in einem Topf mit 400 ml Wasser verrühren und aufkochen.
3. Die Nudeln sowie den Apfelsaft hinzufügen und den Topfinhalt 10–12 Minuten sanft köcheln lassen.
4. Öl und Schmand zugeben und alles mit dem Stabmixer nach Belieben fein oder stückig pürieren.
5. Auf etwa 37 °C abkühlen lassen und servieren.

TIPP

Je nachdem, wie es Ihr Baby am liebsten mag, entweder grob und etwas stückig oder fein pürieren.

mittags | sättigend

KÜRBIS-GRAUPENBREI

Ein leicht verdaulicher Brei, der besonders gut als Mittagsbrei gereicht werden kann.

ZUTATEN

SO GEHT'S

 **3 PORTIONEN**

70 g Perlgraupen

300 g Bio-Hokkaido-Kürbis

30 g Rapsöl

40 ml frisch gepresster Orangensaft

1. Die Perlgraupen waschen und mit 500 ml Wasser in einem Topf aufkochen. Dann bei mittlerer Hitze in etwa 25 Minuten weich garen.
2. Den Kürbis waschen, von Kernen und Fasern befreien, in kleine Stücke schneiden und mit den Graupen etwa 15 Minuten mitkochen.
3. Sobald beides gar ist, Öl und Orangensaft hinzufügen und alles mit dem Stabmixer grob oder fein pürieren.
4. Auf etwa 37 °C abkühlen lassen und servieren. Der Brei dickt während der Abkühlzeit nach. Eventuell noch etwas Flüssigkeit hinzufügen.

TIPP

Dem Brei kann der Fleischbrei von Seite 41 zugefügt werden.

mittags | eiweißreich

BLUMENKOHL-KARTOFFEL-FLEISCHBREI

Dieser Brei eignet sich besonders gut als sättigender Mittagsbrei, denn er enthält viel Eiweiß. Zudem liefert der Blumenkohl zahlreiche wichtige Nährstoffe für Ihr Baby.

ZUTATEN

SO GEHT'S

 3 PORTIONEN

150 g Bio-Kartoffeln
50 g Bio-Knollensellerie
250 g Bio-Blumenkohl
90 g Bio-Kalbfleisch
30 g Rapsöl
30 ml Birnen-Direktsaft

1. Kartoffeln und Sellerie schälen, waschen und in kleine Stücke schneiden. Den Blumenkohl in kleine Röschen schneiden und waschen. Das Kalbfleisch klein würfeln.
2. Kartoffeln, Sellerie, Blumenkohl und Kalbfleisch in einen Topf, mit wenig Wasser bedeckt, etwa 20 Minuten dünsten.
3. Dem Topfinhalt Öl und Saft hinzufügen und alles grob oder fein mit dem Stabmixer pürieren.
4. Auf etwa 37 °C abkühlen lassen und servieren.

mittags | beruhigend

FENCHEL-ZUCCHINI-PUTEN-BREI

Die Zucchini enthält viel Vitamin A und C, während der Fenchel eine beruhigende Wirkung auf die Verdauung Ihres Kindes hat.

ZUTATEN

SO GEHT'S

 3 PORTIONEN

- 90 g Bio-Putenfleisch
- 220 g Bio-Kartoffeln
- 130 g Bio-Fenchel
- 200 g Bio-Zucchini
- 30 g Rapsöl
- 60 ml Trauben-Direktsaft

1. Das Putenfleisch in kleine Würfel schneiden. Die Kartoffeln schälen, Fenchel und Zucchini putzen, alles waschen und in kleine Stücke schneiden.
2. Alle vorbereiteten Zutaten in einem Topf mit wenig Wasser bedeckt aufkochen. Dann bei mittlerer Hitze etwa 15 Minuten dünsten.
3. Den Topfinhalt mit Rapsöl und Saft verrühren und mit dem Stabmixer pürieren.
4. Auf etwa 37 °C abkühlen lassen und servieren.

mittags | sättigend

SCHINKEN-GEMÜSE-NUDEL-BREI

Dieser stückige Brei regt Ihr Kind bereits zum Kauen an und kann somit optimal zum Übergang in die Familienkost genutzt werden.

ZUTATEN

SO GEHT'S

 3 PORTIONEN

150 g Vollkornnudeln (Dinkel-Spirelli)

70 g Bio-Möhren

100 g Bio-Aubergine

80 g Bio-Kochschinken

25 g Rapsöl

1. Die Nudeln in kochendes Wasser geben und 7–8 Minuten garen. Die Zeit kann je nach Nudelsorte variieren. Bitte die Packungsangaben beachten.

2. Die Möhren waschen, schälen und in kleine Stücke schneiden. Die Aubergine gründlich waschen, putzen und klein schneiden. Den Kochschinken fein würfeln.

3. Das Rapsöl erhitzen und Möhren, Aubergine und Kochschinken darin unter Rühren etwa 5 Minuten dünsten.

4. Die gegarten Nudeln mit dem Gemüse vermischen und je nach gewünschter Sämigkeit etwas Nudelkochwasser hinzufügen. Alles mit dem Stabmixer grob oder fein pürieren.

5. Auf etwa 37 °C abkühlen lassen und servieren. Die Nudeln ziehen während der Abkühlzeit noch Wasser. Nach Bedarf noch etwas Nudelwasser oder Apfelsaft hinzufügen.

TIPP

Ab dem 10. Monat können Sie die Nudeln unzerkleinert füttern.

mittags | eiweißreich

LAMM MIT SÜSSKARTOFFEL

Dieser Fleisch-Gemüse-Brei eignet sich vor allem für die Mittagszeit und lässt sich super vorbereiten und einfrieren.

ZUTATEN

SO GEHT'S

 **4 PORTIONEN**

- 120 g Bio-Lammfleisch
- 400 g Bio-Süßkartoffel
- 200 g Bio-Möhren
- 100 ml frisch gepresster Orangensaft
- 30 g Rapsöl

1. Das Lammfleisch in kleine Würfel schneiden. Süßkartoffel und Möhren waschen, schälen und ebenfalls klein schneiden.
2. Lammfleisch, Süßkartoffel und Möhren mit Wasser bedeckt in einem Topf zum Kochen bringen. Nach dem ersten Aufkochen bei mittlerer Hitze 12–15 Minuten garen.
3. Dem Topfinhalt Saft und Öl hinzufügen und alles mit dem Stabmixer grob oder fein pürieren.
4. Auf etwa 37 °C abkühlen lassen und servieren.

TIPP

Statt Lamm können Sie auch mageres Bio-Rindfleisch verwenden. Ebenso kann der Orangensaft durch Bio-Apfel-Direktsaft ausgetauscht werden.

mittags | nährstoffreich

HACKFLEISCH-MÖHREN-MAIS-BREI

Besonders gut geeignet als Mittagsbrei, der viel Eiweiß, Vitamine und andere wichtige Nährstoffe enthält.

ZUTATEN

SO GEHT'S

 3 PORTIONEN

200 g Bio-Möhren

130 g Bio-Kartoffeln

100 g Bio-Tomaten

80 g Bio-Mais (Dose)

90 g gemischtes Bio-Hackfleisch

35 g Rapsöl

40 ml frisch gepresster Orangensaft

1. Möhren und Kartoffeln schälen, waschen und in kleine Stücke schneiden. Die Tomaten waschen, vom Stielansatz befreien und klein würfeln. Zusammen mit 250 ml Wasser, abgetropftem Mais und dem Hackfleisch in einem Topf verrühren und aufkochen. Dann bei mittlerer Hitze etwa 15 Minuten garen.

2. Dem Topfinhalt Öl und Orangensaft hinzufügen und alles mit dem Stabmixer grob oder fein pürieren.

3. Auf etwa 37 °C abkühlen lassen und servieren.

mittags | nahrhaft

GEMÜSE-HÜHNEREINTOPF MIT NUDELN

Dieser Brei kann auch gut als Familienessen gekocht und so als Einstieg in die Familienkost genutzt werden.

ZUTATEN

250 g Bio-Möhren
50 g Bio-Knollensellerie
50 g Bio-Brokkoli
90 g Bio-Hähnchenbrustfilet
35 g Rapsöl
70 g Muschelnudeln

SO GEHT'S

 **4 PORTIONEN**

1. Möhren und Knollensellerie waschen, schälen und in kleine Stücke schneiden. Den Brokkoli in kleine Röschen schneiden und waschen. Das Fleisch in kleine Würfel schneiden.
2. Das Rapsöl in einen Topf geben und Möhren und Sellerie darin 2 Minuten leicht andünsten. Brokkoli, Muschelnudeln und Hähnchenfleisch hinzufügen und mit 600 ml Wasser aufgießen. Einmal aufkochen und dann bei mittlerer Hitze etwa 12 Minuten garen.
3. Den Eintopf mit dem Stabmixer je nach gewünschter Konsistenz pürieren.
4. Auf etwa 37 °C abkühlen lassen und servieren.

TIPP

Ältere Babys können den Eintopf als Suppe essen. Dann einfach Schritt 3 weglassen. Als Suppe, gewürzt mit Salz und Pfeffer, schmeckt das Gericht der ganzen Familie.

mittags | vitaminreich

COUSCOUSBREI MIT GEMÜSE

Der Couscousbrei mit Gemüse ist nicht nur besonders nahrhaft, sondern liefert Ihrem Kind auch jede Menge Vitamine und Nährstoffe.

ZUTATEN

- 100 g Bio-Möhren
- 70 g Bio-Tomaten
- 200 g Bio-Zucchini
- 2 Stängel Petersilie
- 180 g Couscous
- 30 g Rapsöl
- 40 ml frisch gepresster Orangensaft

SO GEHT'S

 **3 PORTIONEN**

1. Die Möhren waschen, schälen und in kleine Stücke schneiden. Die Tomaten waschen, vom Stielansatz befreien und vierteln. Die Zucchini waschen und in kleine Stücke schneiden. Die Petersilie waschen, trocken schütteln, die Blättchen abzupfen und fein hacken.
2. Den Couscous in eine Schüssel geben und mit 200 ml kochend heißem Wasser übergießen. Die Schüssel mit einem Tuch abdecken und den Couscous quellen lassen.
3. Das Rapsöl in einem Topf erhitzen. Möhren, Tomaten und Zucchini hineingeben und 2 Minuten andünsten, dann mit 150 ml Wasser aufgießen. Einmal aufkochen, dann bei mittlerer Hitze 12–15 Minuten garen.
4. Couscous, Petersilie und Orangensaft mit dem Gemüse vermischen und alles mit dem Stabmixer pürieren.
5. Auf etwa 37 °C abkühlen lassen und servieren.

TIPP

Wenn der Brei stückiger sein soll, nur kurz pürieren. Dem Brei kann der Fleischbrei von Seite 41 zugefügt werden.

mittags | ballaststoffreich

BROKKOLI-KARTOFFEL-FISCHBREI

Dieser Brei enthält jede Menge lösliche Ballaststoffe, damit Ihr Kind bei der Verdauung optimal unterstützt wird.

ZUTATEN

SO GEHT'S

 **1 PORTION**

- 90 g Bio-Kartoffeln
- 100 g Bio-Brokkoli
- 30 g Bio-Seelachsfilet
- 2 EL Rapsöl
- 2 EL frisch gepresster Orangensaft

1. Die Kartoffeln schälen, waschen und in kleine Stücke schneiden. Den Brokkoli in Röschen schneiden und waschen. Das Seelachsfilet kalt abspülen, trocken tupfen, eventuell Gräten entfernen und in Stücke schneiden.
2. Kartoffeln, Brokkoli und Fisch mit 150 ml Wasser aufkochen. Dann bei mittlerer Hitze 12–15 Minuten köcheln lassen.
3. Den Topfinhalt mit Rapsöl und Orangensaft verrühren und mit dem Stabmixer grob zerkleinern.
4. Auf etwa 37 °C abkühlen lassen und servieren.

zwischendurch | vitaminreich

BANANEN-MANGO-PÜREE

Ein leckerer und süßer Obstbrei, der besonders gut als kleine Zwischenmahlzeit gereicht werden kann.

ZUTATEN

SO GEHT'S

 1 PORTION

100 g Bio-Banane
200 g Bio-Mango (süß und reif)

1. Banane und Mango schälen. Das Fruchtfleisch der Mango vom Kern schneiden und würfeln. Die Banane mit einer Gabel zerdrücken und mit den Mangowürfeln sowie 40 ml Wasser in einem Mixbecher mit dem Stabmixer pürieren.

TIPP

Sie können den Brei pur füttern, was dann einer Portion entspricht. Oder zu einem Grieß- oder Gemüsebrei füttern. Dann reicht er für drei Portionen.

abends | sättigend

6-KORN-BREI MIT PFLAUME

Der 6-Korn-Brei mit Pflaume sättigt nicht nur, sondern unterstützt auch die Verdauung Ihres Kindes.

ZUTATEN **SO GEHT'S**  **1 PORTION**

30 g Bio-Pflaumen

200 ml Vollmilch (alternativ HA-Nahrung)

25 g 6-Korn-Getreideflocken

1. Die Pflaumen waschen, halbieren, entsteinen und klein schneiden.
2. Milch oder HA-Nahrung in einem Topf aufkochen und die Getreideflocken einstreuen. Bei niedriger Hitze etwa 5 Minuten sanft köcheln lassen. Die Pflaumen einrühren und 2 Minuten mitgaren.
3. Den Topfinhalt mit dem Stabmixer pürieren.
4. Auf etwa 37 °C abkühlen lassen und servieren. Der Brei dickt während der Abkühlzeit nach.

AB DEM 10. MONAT

mittags | nährstoffreich

STECKRÜBEN-MÖHREN-BREI

Ein herbstlicher Brei voller Vitamine und Nährstoffe für Ihr Kind. Dieser Brei kann auch perfekt als erste Einführung in die Familienkost genutzt werden.

ZUTATEN	SO GEHT'S	 5 PORTIONEN

Zutaten
- 250 g Bio-Möhren
- 300 g Bio-Steckrüben
- 300 g Bio-Kartoffeln
- 45 g Rapsöl
- 50 ml frisch gepresster Orangensaft

So geht's
1. Möhren, Steckrüben und Kartoffeln schälen, waschen und in kleine Stücke schneiden.
2. Das vorbereitete Gemüse in einen Topf geben und mit Wasser bedeckt aufgießen. Einmal aufkochen und dann bei mittlerer Hitze etwa 15 Minuten garen.
3. Öl und Saft zum gegarten Gemüse hinzufügen und alles mit dem Stabmixer grob oder fein pürieren.
4. Auf etwa 37 °C abkühlen lassen und servieren.

TIPP

Der Brei schmeckt gewürzt auch der ganzen Familie. Am besten auf dem Teller die Gewürze zugeben, so kann der Rest portionsweise eingefroren werden. Dem Brei kann der Fleischbrei von Seite 41 zugefügt werden.

mittags | sättigend

LECKERER TOMATENRISOTTO

Mit dem Tomatenrisotto kann gut getestet werden, ob Ihr Kind den recht hohen Säuregehalt von Tomaten verträgt.

ZUTATEN

SO GEHT'S

 **2 PORTIONEN**

60 g Bio-Möhren
20 g Butter
80 g Risottoreis
250 g passierte Tomaten (Dose)

1. Die Möhren waschen, schälen und in sehr kleine Stücke schneiden.
2. Die Butter in einem Topf erhitzen und die Möhren darin 2 Minuten andünsten. Den Reis hinzufügen, 1 Minute rühren und mit Tomaten sowie 100 ml Wasser auffüllen.
3. Den Topfinhalt bei niedriger Hitze etwa 20 Minuten sanft köcheln lassen und dabei immer wieder umrühren.
4. Den fertigen Tomatenrisotto auf etwa 37 °C abkühlen lassen und servieren.

mittags | nährstoffreich

GRÜNE SPINATNUDELN

Die weichen Nudeln sind hervorragend als erste feste Nahrung geeignet, da sie sich leicht zerdrücken lassen.

ZUTATEN

80 g Vollkornnudeln (Dinkel-Spirelli)

30 g Bio-Baby-Spinat

50 g Ricotta

SO GEHT'S

 1 PORTION

1. In einem Topf 300 ml Wasser aufkochen. Vollkornnudeln hinzufügen und etwa 5 Minuten kochen lassen.

2. Den Spinat waschen und mit dem Ricotta zu den Nudeln hinzufügen. Bei mittlerer Hitze weitere 4 Minuten sanft köcheln lassen. Die Garzeit richtet sich nach der Packungsangabe der Nudeln und kann variieren.

3. Die Spinatnudeln auf etwa 37 °C abkühlen lassen und servieren. Die Nudeln dicken während der Abkühlzeit nach.

abends | vitaminreich

GESUNDER MÖHRENAUFSTRICH

Der Möhrenaufstrich ist ein leckerer Nährstofflieferant für die gesamte Familie und somit besonders für die Familienkost geeignet. Einfach auf kleine Brotstücke streichen und füttern.

ZUTATEN

- 150 g Bio-Möhren
- 60 g Butter (zimmerwarm)
- 80 g Tomatenmark
- ½ TL getrockneter Thymian
- ½ TL getrockneter Majoran
- ½ TL getrockneter Oregano

SO GEHT'S 1 GLAS

1. Die Möhren waschen, schälen und klein würfeln.
2. Mit wenig Wasser bedeckt in einem kleinen Topf etwa 5 Minuten garen.
3. Die Möhren abgießen und zusammen mit weicher Butter, Tomatenmark und Kräutern pürieren.
4. In ein steriles Schraubglas füllen.

TIPP

Der Möhrenaufstrich hält sich mehrere Tage im Kühlschrank und schmeckt garantiert der ganzen Familie.

mittags | eiweißreich

ERBSENBREI MIT LACHS

Der Lachs macht diesen Brei zu einem wertvollen Omega-3-Fettsäure-Lieferanten und bringt etwas Abwechslung auf den Teller.

ZUTATEN

SO GEHT'S

 **1 PORTION**

- 100 g Bio-TK-Erbsen
- 70 g Bio-Kartoffeln
- 30 g Bio-Lachsfilet
- 40 ml frisch gepresster Orangensaft
- 10 g Rapsöl

1. Die Erbsen auftauen. Die Kartoffeln schälen, waschen und in kleine Stücke schneiden. Das Lachsfilet kalt abspülen, trocken tupfen, eventuell von Gräten befreien und in kleine Stücke schneiden.
2. Die Kartoffeln mit Wasser bedeckt aufkochen und bei mittlerer Hitze etwa 5 Minuten garen.
3. Erbsen und Lachs hinzufügen. Alles weitere 5 Minuten garen.
4. Etwas Kochflüssigkeit abgießen, Saft sowie Rapsöl zugießen und mit dem Stabmixer pürieren.
5. Auf etwa 37 °C abkühlen lassen und servieren.

mittags | sättigend

NUDELN MIT BOLOGNESESAUCE

Dieses Gericht kann wunderbar als Einstieg in die Familienkost genutzt werden und schmeckt garantiert allen.

ZUTATEN

SO GEHT'S

 **3 PORTIONEN**

- 70 g Bio-Möhren
- 30 g Bio-Knollensellerie
- 15 g Rapsöl
- 90 g Bio-Rinderhackfleisch (alternativ Tartar)
- 200 g passierte Tomaten (Dose)
- 140 g Dinkelnudeln (Dinkel-Spirelli)

1. Möhren und Sellerie waschen, schälen und klein würfeln.
2. Das Öl in einem Topf erhitzen und darin die Gemüsewürfel zusammen mit dem Hackfleisch einige Minuten andünsten.
3. Den Topfinhalt mit 200 ml Wasser und den Tomaten verrühren und kurz aufkochen.
4. Die Nudeln hinzufügen und je nach Packungsanleitung einige Minuten köcheln lassen.
5. Auf etwa 37 °C abkühlen lassen und servieren.

TIPP

Das Gericht kann auch püriert werden – je nach Vorliebe des Babys.

mittags | nährstoffreich

KÜRBIS-LACHS-NUDELN

Ein Fischbrei ist eine gesunde Alternative zu den Fleischbreien. Er enthält viele Nährstoffe, Jod und Omega-3-Fettsäuren.

ZUTATEN

- 100 g Bio-Hokkaido-Kürbis
- 70 g Bio-Lachs
- 1 EL Rapsöl
- 120 g Vollkornnudeln (Dinkel-Spirelli)
- 50 g Schmand

SO GEHT'S  2 PORTIONEN

1. Den Kürbis waschen, von Kernen und Fasern befreien und in kleine Stücke schneiden. Den Lachs kalt abspülen, trocken tupfen, von Gräten befreien und in Würfel schneiden.
2. Das Öl in einem Topf erhitzen und den Kürbis darin unter Rühren etwa 4 Minuten andünsten. 300 ml Wasser zugießen, aufkochen und die Nudeln einrühren. Den Topfinhalt je nach Packungsangabe der Nudeln weitere 5 Minuten garen.
3. Lachs und Schmand hinzufügen und weitere 5 Minuten sanft köcheln lassen.
4. Auf etwa 37 °C abkühlen lassen und servieren. Die Nudeln saugen in dieser Zeit die restliche Flüssigkeit auf.

TIPP

Statt Kürbis kann auch Möhre oder Zucchini verwendet werden.

abends | eiweißreich

ERSTE LEBERWURST

Die Leberwurst ist perfekt geeignet für die ganze Familie und somit optimaler Bestandteil der Familienkost.

ZUTATEN

50 g Bio-Knollensellerie
150 g Bio-Kalbsleber
60 g Bio-Schweinegulasch
½ TL getrockneter Majoran
½ TL getrockneter Thymian
25 g Rapsöl
30 g Sahne

SO GEHT'S 1 GLAS

1. Den Sellerie waschen, schälen und in kleine Stücke schneiden. Die Kalbsleber in kleine Stücke schneiden.
2. Sellerie, Leber und Schweinefleisch in einen Topf geben, mit Wasser bedecken und aufkochen. Majoran und Thymian hinzufügen und den Topfinhalt bei mittlerer Hitze etwa 12 Minuten garen.
3. Die Masse mit einer Schaumkelle in den Mixer geben und zusammen mit dem Rapsöl und der Sahne pürieren.
4. In ein steriles Weckglas umfüllen.

TIPP

Die Leberwurst hält sich einige Tage im Kühlschrank. Sie schmeckt mit Salz und Pfeffer gewürzt auch dem Rest der Familie.

abends | vitaminreich

GRIESSBREI MIT ERDBEERPÜREE

Dieser Brei ist ein wahrer Immunsystem-Boost für Ihr Baby. Die Erdbeeren enthalten die Vitamine A, C und E und jede Menge Mineralstoffe.

ZUTATEN

250 g Bio-Erdbeeren
200 g Vollmilch
20 g Vollkornweizengrieß

SO GEHT'S

 **1 PORTION**

1. Die Erdbeeren waschen, putzen und halbieren. Zusammen mit 1–2 EL Wasser mit dem Stabmixer pürieren.
2. Die Milch in einem Topf erhitzen und unter Rühren den Grieß einrieseln lassen. Einmal aufkochen und dann den Grießbrei bei niedriger Hitze 5 Minuten quellen lassen.
3. Auf etwa 37 °C abkühlen lassen und zusammen mit dem Erdbeerpüree füttern.

abends | sättigend

MILCHREIS MIT APFELKOMPOTT

Eine Mahlzeit, die der ganzen Familie schmeckt und so perfekt als Familienkost funktioniert. Auch kalt wird der Milchreis Ihrem Kind schmecken.

ZUTATEN

300 g Bio-Apfel
800 ml Vollmilch
1 Vanilleschote
200 g Milchreis

SO GEHT'S

 **4 PORTIONEN**

1. Den Apfel waschen, schälen, das Kerngehäuse entfernen und das Fruchtfleisch in kleine Würfel schneiden.
2. Zusammen mit 50 ml Wasser in einen Topf füllen, aufkochen und bei niedriger Hitze etwa 5 Minuten garen.
3. Die Milch in einen Topf gießen. Die Vanilleschote der Länge nach halbieren und das Mark vorsichtig herauskratzen. Schote und Mark zur Milch geben und aufkochen.
4. Den Milchreis einrühren, nochmals aufkochen und bei niedriger Hitze mit Deckel etwa 30 Minuten garen. Zwischendurch umrühren.
5. Die Vanilleschote entfernen, den Topf vom Herd nehmen und den Milchreis noch etwa 10 Minuten quellen lassen.
6. Den Milchreis zusammen mit dem Apfelkompott füttern.

TIPP

Wenn Sie Ihre Portion etwas süßer mögen, mischen Sie einfach etwas Zucker unter. Der Milchreis schmeckt warm und kalt. Die Hälfte der Milch kann durch Wasser ersetzt werden. Dann fügen Sie bitte 1 TL Butter zu.

abends | nährstoffreich

CHIA-PUDDING MIT MANGOPÜREE

Ein süßer Brei mit viel Frucht. Dabei liefert die Mango besonders viele Vitamine und Nährstoffe.

ZUTATEN

- 80 g Bio-Mango
- 100 g Kokosmilch (Dose)
- 100 ml Vollmilch (alternativ HA-Nahrung)
- 25 g Chia-Samen

SO GEHT'S

 **1 PORTION**

1. Die Mango schälen, das Fruchtfleisch vom Kern schneiden und würfeln. Mit dem Stabmixer fein pürieren.
2. Kokosmilch und Milch in einem Topf erwärmen. Mit den Chia-Samen gründlich verrühren, in ein Glas umfüllen und mindestens 40 Minuten (am besten über Nacht) quellen lassen.
3. Den Chia-Pudding mit Mangopüree füttern.

TIPP

Die angebrochene Dose Kokosmilch können Sie zu einem Bananeneis weiterverarbeiten. Siehe Seite 125.

morgens | ballaststoffreich

ENERGIEREICHES MÜSLI

Ein gesunder Morgenbrei für Ihr Kind, der viele Vitamine, Nährstoffe und sättigende Ballaststoffe enthält.

ZUTATEN

SO GEHT'S

 1 PORTION

150 ml Vollmilch (alternativ Haferdrink)

5 g Leinsamenschrot

20 g Haferflocken

50 g Bio-Banane

50 g Bio-Apfel

1. Die Milch in einem Topf aufkochen und den Leinsamenschrot sowie die Haferflocken einrühren. Kurz aufkochen, dann bei mittlerer Hitze 5 Minuten sanft köcheln lassen.

2. Die Banane schälen und mit einer Gabel zerdrücken. Den Apfel waschen, schälen, entkernen und das Fruchtfleisch in kleine Würfel schneiden. Beides in den Brei rühren und einige Minuten ziehen lassen.

TIPP

Ab dem 1. Lebensjahr können Sie die Milch durch Joghurt ersetzen. Diesen mit Leinsamenschrot, Banane, Apfel und Haferflocken verrühren und über Nacht in den Kühlschrank stellen. Am nächsten Morgen servieren.

zwischendurch | vitaminreich

LECKERES BANANENEIS

Gerade im Sommer ist das leckere Bananeneis eine gesunde Erfrischung für Ihr Kind und schmeckt garantiert der gesamten Familie.

ZUTATEN	SO GEHT'S	 3 PORTIONEN
200 g Bio-Bananen 90 g Kokosmilch (Dose)	1. Die Bananen schälen und in Scheiben schneiden. 2. Die Bananenscheiben flach in einen Gefrierbeutel oder eine Frischhaltebox füllen und über Nacht gefrieren lassen. 3. Die Scheiben am nächsten Tag etwas auseinanderbrechen. In einen Mixbecher geben, mit Kokosmilch begießen und mit dem Stabmixer cremig pürieren.	

TIPP

Je reifer die Bananen, desto süßer wird das Eis. Ab dem 1. Lebensjahr kann das Eis auch mit Joghurt gemixt werden. Die Banane lässt sich auch durch viele andere Obstsorten austauschen.

zwischendurch | eisenreich

KNUSPRIGE DINKELSTANGEN

Die Dinkelstangen eignen sich hervorragend für Ihr Kind, um das Kauen und Schlucken zu lernen. Zusätzlich sind sie auch noch gesund.

ZUTATEN

- 50 g Bio-Möhre
- 50 g Dinkelmehl
- 200 g Vollkorndinkelmehl
- 50 g Rapsöl
- 50 ml Mineralwasser mit Kohlensäure

SO GEHT'S

 **10 STÜCK**

1. Die Möhre gründlich waschen, schälen und fein raspeln.
2. Den Backofen auf 180 °C Ober-/Unterhitze vorheizen. Ein Backblech mit Backpapier auslegen.
3. Beide Mehlsorten in eine Schüssel sieben und vermischen. Die Möhrenraspel untermischen und alles mit Rapsöl und Mineralwasser zu einem Teig kneten.
4. Den krümeligen Teig zu einer Kugel formen. Daraus 10 Portionen teilen und zu Stangen rollen.
5. Die Dinkelstangen auf das Backblech legen und im heißen Ofen etwa 30 Minuten backen. Abkühlen lassen.

TIPP

Die Dinkelstangen sind etwa 3 Tage haltbar. Sie können aber gut eingefroren werden. Etwa 1 Stunde vor dem Verzehr aus dem Gefrierschrank nehmen. Statt Möhren eignen sich auch Zucchini.

MAMA-BABY-REZPTE

ab dem 5. Monat | eisenreich

HÄHNCHEN MIT KOHLRABI, MÖHRE UND KARTOFFEL

Dieser Gemüse-Fleisch-Brei liefert nicht nur Ihrem Baby wertvolles Eisen und zahlreiche Vitamine, auch Sie als Mutter profitieren von der nährstoffreichen Suppe.

ZUTATEN

400 g Bio-Kartoffeln

2 kleine Bio-Kohlrabi

3 Bio-Möhren

250 g Bio-Hähnchenbrustfilet

5 EL Rapsöl

120 ml Apfel-Direktsaft

100 ml Gemüsebrühe

Salz, Pfeffer

1 EL gehackte Petersilie

SO GEHT'S

**4 BABYPORTIONEN
1 ERWACHSENENPORTION**

1. Kartoffeln, Kohlrabi und Möhren schälen, waschen und in mundgerechte Würfel schneiden. Das Fleisch würfeln.

2. 2 EL Öl in einem Topf erhitzen, das Gemüse darin unter Rühren etwa 3 Minuten bei niedriger Hitze anbraten und mit 400 ml Wasser aufgießen, die Fleischwürfel obenauf legen. Zugedeckt in 15–20 Minuten weich garen.

3. Das Fleisch entnehmen und für die Babyportionen 120 g davon in ein hohes Gefäß geben. 600 g vom Gemüse zugeben und mit dem Apfelsaft und dem restlichen Öl (3 EL) fein pürieren. Je nach Konsistenz von der Kochflüssigkeit etwas zugeben. Den Brei in 4 Portionen teilen und sofort verwenden oder für den Vorrat einfrieren.

4. Für die Erwachsenenportion das Fleisch wieder zum restlichen Gemüse in den Topf geben und mit der Gemüsebrühe aufkochen. Mit Salz und Pfeffer würzen und zum Servieren mit Petersilie bestreuen.

ab dem 5. Monat | mittags | nährstoffreich

GRAUPENRISOTTO MIT MÖHREN, FENCHEL UND OLIVEN

Aus diesem leckeren Graupenrisotto lässt sich ganz einfach der Möhren-Fenchel-Reisflockenbrei für Ihr Baby herstellen. Einmal gekocht, doppelter Genuss!

ZUTATEN

SO GEHT'S

**4 BABYPORTIONEN
1 ERWACHSENENPORTION**

1 kleine Bio-Zwiebel
5 EL Rapsöl
90 g Graupen
250 ml Gemüsebrühe
500 g Bio-Möhren
300 g Bio-Fenchel
1 TL Fenchelsamen
4 EL Reisflocken
30 g schwarze Oliven (ohne Stein)
20 g frisch geriebener Parmesan
120 ml Apfel-Direktsaft
Salz, Pfeffer

1. Die Zwiebel schälen und fein würfeln. 1 EL Öl in einem kleinen Topf erhitzen und die Zwiebel darin glasig anschwitzen. Die Graupen zugeben, kurz unter Rühren mit anschwitzen und mit Gemüsebrühe ablöschen. Zugedeckt bei niedriger Hitze in 25–30 Minuten weich garen.

2. Inzwischen die Möhren waschen, schälen und in kleine Würfel schneiden. Den Fenchel putzen, waschen, vom Strunk befreien und klein würfeln. Das Fenchelgrün hacken und beiseitelegen. Die Fenchelsamen in einen Teebeutel geben und diesen verschließen. Alles mit 100 ml Wasser zugedeckt bei mittlerer Hitze in 10–15 Minuten weich garen.

3. Etwa die Hälfte vom Gemüse abnehmen und mit den Reisflocken und 50 ml Kochflüssigkeit in etwa 5 Minuten in einem weiteren Topf bei mittlerer Hitze weich garen.

4. Die Oliven halbieren. Die restliche Gemüseportion mit den Graupen und dem Parmesan mischen, mit Salz und Pfeffer würzen und mit den Oliven und dem Fenchelgrün garnieren.

5. Die Gemüse-Reisflocken-Mischung mit Apfelsaft und dem restlichen Öl (4 EL) fein pürieren. Je nach Konsistenz von der Kochflüssigkeit etwas zugeben. Den Brei in 4 Portionen teilen und sofort verwenden oder für den Vorrat einfrieren.

TIPP

Sie können die Reisflocken auch weglassen und nur die Möhren-Fenchel-Mischung mit 4 TL Rapsöl pürieren. Das ergibt 7–8 Portionen puren Gemüsebrei für die ersten Breiversuche.

ab dem 5. Monat | mittags | ballaststoffreich

RINDFLEISCHSTREIFEN MIT GRÜNEM GEMÜSE UND KARTOFFELBREI

Hier kommt die volle Ladung Nährstoffe für Mama und Kind. Kartoffeln punkten mit Kalium, Brokkoli ist kalziumreich und Erbsen enthalten viel Eiweiß und Ballaststoffe.

ZUTATEN

400 g Bio-Kartoffeln

500 g Bio-Brokkoli

100 g Bio-TK-Erbsen

40 g Haferflocken

60 ml Apfel-Direktsaft

5 EL Rapsöl

120 g Bio-Rindfleisch zum Kurzbraten

Salz, Pfeffer

3 EL Sahne

1 TL grüne Pfefferkörner (nach Belieben)

2–3 EL Vollmilch

frisch geriebene Muskatnuss

SO GEHT'S

 **4 BABYPORTIONEN / 1 ERWACHSENENPORTION**

1. Die Kartoffeln waschen und mit Schale in reichlich Wasser in ca. 20 Minuten weich garen. Anschließend abgießen und ausdampfen lassen.

2. In der Zwischenzeit den Brokkoli putzen, waschen und in Röschen teilen. Etwas Wasser in einem Topf erhitzen, Brokkoli und Erbsen zugeben, zugedeckt in 10–15 Minuten weich garen, dann abgießen. Dabei das Kochwasser auffangen und die Haferflocken darin mit dem Apfelsaft einweichen.

3. Für das Baby ¼ der Gemüsemenge (restliches Gemüse warm halten) mit den Haferflocken und 4 EL Öl fein pürieren. Die Hälfte der Kartoffeln pellen und durch eine Kartoffelpresse dazugeben. Gut untermischen und je nach Konsistenz etwas Wasser zugeben. Den Brei in 4 Portionen teilen und sofort verwenden oder für den Vorrat einfrieren.

4. Für die Erwachsenenportion das restliche Öl (1 EL) in einer Pfanne erhitzen. Das Fleisch in feine Streifen schneiden, salzen und pfeffern und im heißen Öl ca. 3 Minuten scharf anbraten. Die Sahne zugießen, nach Belieben Pfefferkörner zugeben und alles einmal aufkochen lassen. Das Gemüse mit Salz und Pfeffer würzen. Die restlichen Kartoffeln pellen, durch eine Kartoffelpresse in eine Schüssel drücken und mit der Milch zu einem cremigen Brei rühren. Mit Muskat und etwas Salz würzen. Zum Gemüse und Fleisch genießen.

TIPP

Für einen Gemüse-Fleisch-Brei: 120 g mageres Rindfleisch würfeln, zum Gemüse geben und in 10–15 Minuten weich kochen. Wie oben beschrieben, fein pürieren.

ab dem 10. Monat | mittags | eiweißreich

LACHSFILET MIT POLENTA UND BUNTEM OFENGEMÜSE

Polenta und Lachs punkten mit viel Eiweiß, der Kürbis mit reichlich Ballaststoffen. Der leicht stückige Brei ist eine gute Vorbereitung auf die Familienkost.

ZUTATEN

SO GEHT'S

**1 BABYPORTIONEN
1 ERWACHSENENPORTION**

180 g Bio-Lachsfilet

2 Scheiben roher Bio-Schinken

100 g Polenta (Maisgrieß)

250 g Bio-Kürbis (alternativ Bio-Zucchini)

200 g passierte Tomaten (Dose)

2 EL Butter

2 EL frisch geriebener Parmesan

Salz, Pfeffer

1 EL gehackte Petersilie (nach Belieben)

1. Den Fisch kalt abspülen, trocken tupfen, von Gräten befreien und 30 g beiseitelegen. Den restlichen Fisch mit dem rohen Schinken umwickeln.

2. Für die Polenta 500 ml Wasser aufkochen, die Polenta einrühren und nach Packungsangabe quellen lassen.

3. Den Backofen auf 200 °C Ober-/Unterhitze vorheizen. Den Kürbis ggf. schälen oder waschen, von Kernen und Fasern befreien (bzw. die Zucchini waschen und putzen) und in kleine Würfel schneiden. Mit den passierten Tomaten mischen und in einer Auflaufform verteilen. Im heißen Ofen etwa 10 Minuten garen. Die Baby-Fischportion darauflegen und weitere 20 Minuten garen.

4. Den Fisch für die Mama entweder in einer beschichteten Pfanne scharf anbraten und von jeder Seite je nach Dicke ca. 5 Minuten bei niedriger Hitze gar ziehen lassen. Oder aber in einer separaten Form mit dem Fisch für das Baby in den Ofen geben und 20 Minuten mitgaren.

5. Für die Babyportion je nach Alter des Kindes das Gemüse mit dem Fisch, 1 EL Butter und ⅓ der Polenta fein pürieren. Alternativ können Sie auch beides grob mit einer Gabel zerdrücken und servieren dazu ⅓ Polenta mit Butter vermischt.

6. Für die Erwachsenenportion ebenfalls 1 EL Butter und zusätzlich den Parmesan unter die Polenta rühren. Gemüse und Polenta mit Salz und Pfeffer würzen. Nach Belieben die gehackte Petersilie unter das Gemüse mischen und beides zum Fisch servieren.

TIPP

Für einen Brei ohne Fisch nur 150 g Lachs (für die Mama) verwenden. Das Baby bekommt die entsprechende Menge Polenta mit Gemüse. Nehmen Sie den Kürbis im Herbst und Winter, die Zucchini im späteren Frühling und Sommer.

ab dem 6. Monat | abends | eiweißreich

GRIESSAUFLAUF MIT APRIKOSEN UND VANILLE

Den Milch-Getreide-Brei mit Obstpüree können Sie Ihrem Baby ab dem 6. Monat füttern. Ab dem 10. Monat kann Ihr kleiner Schatz auch beim Grießauflauf mitessen.

1 BABYPORTIONEN
2 ERWACHSENENPORTION

ZUTATEN

700 ml Vollmilch (alternativ Haferdrink)

100 g Vollkorndinkelgrieß

1–2 EL Obstpüree (ab dem 9. Monat auch gern von den Aprikosen 1–2 Hälften, püriert oder in sehr feinen Stückchen)

etwas Butter

240 g Bio-Aprikosen (frisch oder aus der Dose; am besten ungezuckert)

1 Bio-Ei

1 EL Vanillezucker

250 g Quark (mager oder 20 % Fett)

1 EL Bio-Zitronenschale

2 EL Mandelstifte

SO GEHT'S

1. Die Milch oder den Haferdrink in einem Topf aufkochen, den Grieß einrühren und unter Rühren etwa 3 Minuten kochen lassen. Den Herd abschalten und den Grießbrei zugedeckt ausquellen lassen.

2. Für das Baby gut 200 g abnehmen und mit dem Obstpüree mischen.

3. Für den Grießauflauf den Backofen auf 220 °C Ober-/Unterhitze (Umluft 200 °C) vorheizen und eine Auflaufform mit etwas Butter einfetten. Die Aprikosen waschen, entkernen und in Spalten schneiden (bzw. gut abtropfen lassen). Das Ei mit dem Vanillezucker leicht schaumig schlagen. Quark und Zitronenschale unterheben und den Grießbrei ebenfalls unterrühren.

4. Die Aprikosen in der gefetteten Auflaufform verteilen und mit der Grießmasse übergießen. Mandelstifte und Butter in Flöckchen darauf verteilen und den Grießauflauf im heißen Ofen in 30–35 Minuten goldgelb backen.

REGISTER

ÄPFEL
Energiereiches Müsli 123
Fruchtiger Bananen-Apfel-Pfirsich-Brei 29
Gesunder Apfel-Bananen-Grießbrei 33
Kürbis-Kartoffel-Fleischbrei 51
Milchreis mit Apfelkompott 119
Polenta-Apfel-Brei 59

APRIKOSEN
Grießauflauf mit Aprikosen und Vanille 139

AUBERGINEN
Auberginen-Möhren-Gurken-Brei 47
Reichhaltiges Rahmgemüse 75
Schinken-Gemüse-Nudel-Brei 83

BANANEN
Bananen-Mango-Püree 95
Bananen-Trauben-Reisbrei 31
Energiereiches Müsli 123
Fruchtiger Bananen-Apfel-Pfirsich-Brei 29
Gesunder Apfel-Bananen-Grießbrei 33
Leckeres Bananeneis 125
Schneller Keksbrei 67

BIRNEN
Birnen-Dinkelbrei 61

BLUMENKOHL
Blumenkohl-Kartoffel-Fleischbrei 79

BROKKOLI
Brokkoli-Kartoffel-Fischbrei 93
Gemüse-Hühnereintopf mit Nudeln 89

CHIA-SAMEN
Chia-Pudding mit Mangopüree 121

COUSCOUS
Couscousbrei mit Gemüse 91

DINKELFLOCKEN
Birnen-Dinkelbrei 61
Fruchtiger Getreidebrei 35

ERBSEN
Erbsenbrei mit Lachs 109

ERDBEEREN
Grießbrei mit Erdbeerpüree 117

FENCHEL
Fenchel-Zucchini-Puten-Brei 81
Graupenrisotto mit Möhren, Fenchel und Oliven 133

FISCH
Brokkoli-Kartoffel-Fischbrei 93
Erbsenbrei mit Lachs 109
Kürbis-Lachs-Nudeln 113
Lachsfilet mit Polenta und buntem Ofengemüse 137
Rote-Bete-Lachs-Brei 55

GEFLÜGEL
Fenchel-Zucchini-Puten-Brei 81
Fleischbrei auf Vorrat 41
Gemüse-Fleisch-Brei auf Vorrat 39
Gemüse-Hühnereintopf mit Nudeln 89
Hähnchen mit Kohlrabi, Möhre und Kartoffel 131
Süßkartoffel-Puten-Brei 57

GETREIDEFLOCKEN
6-Korn-Brei mit Pflaume 97

GRAUPEN
Graupenrisotto mit Möhren, Fenchel und Oliven 133

GRIESS
Gesunder Apfel-Bananen-Grießbrei 33
Grießauflauf mit Aprikosen und Vanille 139
Grießbrei mit Erdbeerpüree 117
Süßer Vanille-Grießbrei 65

GURKEN
Auberginen-Möhren-Gurken-Brei 47

HACKFLEISCH
Hackfleisch-Möhren-Mais-Brei 87
Nudeln mit Bolognesesauce 111

HAFERFLOCKEN
Energiereiches Müsli 123

HEIDELBEEREN
Zwiebackbrei mit Heidelbeeren 69

HIRSEFLOCKEN
Fruchtiger Getreidebrei 35
Nahrhafter Kürbis-Hirse-Brei 27
Süßer Pfirsich-Hirsebrei 37

KALBFLEISCH
Blumenkohl-Kartoffel-Fleischbrei 79
Erste Leberwurst 115
Pastinaken-Kartoffel-Fleischbrei 43

KARTOFFELN
Blumenkohl-Kartoffel-Fleischbrei 79
Brokkoli-Kartoffel-Fischbrei 93
Bunter Möhren-Sellerie-Brei 49
Erbsenbrei mit Lachs 109
Fenchel-Zucchini-Puten-Brei 81
Gemüse-Fleisch-Brei auf Vorrat 39
Hackfleisch-Möhren-Mais-Brei 87
Hähnchen mit Kohlrabi, Möhre und Kartoffel 131
Kichererbsen-Möhren-Brei 25
Kürbis-Kartoffel-Fleischbrei 51
Möhren-Mais-Fleischbrei 53
Pastinaken-Kartoffel-Fleischbrei 43
Rote-Bete-Lachs-Brei 55
Saftig grüner Spinatbrei 23
Steckrüben-Möhren-Brei 101

KICHERERBSEN
Kichererbsen-Möhren-Brei 25

KOHLRABI
Gemüse-Fleisch-Brei auf Vorrat 39
Hähnchen mit Kohlrabi, Möhre und Kartoffel 131
Möhrenbrei mit Kohlrabi und Reis 73

KOKOSMILCH
Chia-Pudding mit Mangopüree 121
Leckeres Bananeneis 125

KÜRBIS
Kürbis-Graupenbrei 77
Kürbis-Kartoffel-Fleischbrei 51
Kürbis-Lachs-Nudeln 113
Lachsfilet mit Polenta und buntem Ofengemüse 137
Nahrhafter Kürbis-Hirse-Brei 27

L

LAMMFLEISCH
Lamm mit Süßkartoffel 85

LEINSAMEN
Energiereiches Müsli 123

M

MAIS
Hackfleisch-Möhren-Mais-Brei 87
Möhren-Mais-Fleischbrei 53

MANDELN
Grießauflauf mit Aprikosen und Vanille 139

MANGO
Bananen-Mango-Püree 95
Chia-Pudding mit Mangopüree 121
Gute-Nacht-Brei mit Mangopüree 63

MÖHREN
Auberginen-Möhren-Gurken-Brei 47
Bunter Möhren-Sellerie-Brei 49
Couscousbrei mit Gemüse 91
Erster Möhrenbrei 19
Gemüse-Hühnereintopf mit Nudeln 89
Gesunder Möhrenaufstrich 107
Graupenrisotto mit Möhren, Fenchel und Oliven 133
Hackfleisch-Möhren-Mais-Brei 87
Hähnchen mit Kohlrabi, Möhre und Kartoffel 131
Kichererbsen-Möhren-Brei 25
Knusprige Dinkelstangen 127
Lamm mit Süßkartoffel 85
Leckerer Tomatenrisotto 103
Möhrenbrei mit Kohlrabi und Reis 73
Möhren-Mais-Fleischbrei 53
Nudeln mit Bolognesesauce 111
Reichhaltiges Rahmgemüse 75
Schinken-Gemüse-Nudel-Brei 83
Steckrüben-Möhren-Brei 101

N

NUDELN
Gemüse-Hühnereintopf mit Nudeln 89
Grüne Spinatnudeln 105
Kürbis-Lachs-Nudeln 113
Nudeln mit Bolognesesauce 111

Reichhaltiges Rahmgemüse 75
Schinken-Gemüse-Nudel-Brei 83

O

OLIVEN
Graupenrisotto mit Möhren, Fenchel und Oliven 133

P

PARMESAN
Graupenrisotto mit Möhren, Fenchel und Oliven 133
Lachsfilet mit Polenta und buntem Ofengemüse 137

PASTINAKEN
Erster Möhrenbrei 21
Pastinaken-Kartoffel-Fleischbrei 43

PERLGRAUPEN
Kürbis-Graupenbrei 77

PFIRSICH
Fruchtiger Bananen-Apfel-Pfirsich-Brei 29
Süßer Pfirsich-Hirsebrei 37

PFLAUMEN
6-Korn-Brei mit Pflaume 97

POLENTA
Lachsfilet mit Polenta und buntem Ofengemüse 137
Polenta-Apfel-Brei 59

Q

QUARK
Grießauflauf mit Aprikosen und Vanille 139

R

REIS
Leckerer Tomatenrisotto 103
Milchreis mit Apfelkompott 119
Möhrenbrei mit Kohlrabi und Reis 73

REISFLOCKEN
Bananen-Trauben-Reisbrei 31
Fruchtiger Getreidebrei 35
Graupenrisotto mit Möhren, Fenchel und Oliven 133

RICOTTA
Grüne Spinatnudeln 105

RINDFLEISCH
Fleischbrei auf Vorrat 41
Kürbis-Kartoffel-Fleischbrei 51
Möhren-Mais-Fleischbrei 53

ROTE BETE
Rote-Bete-Lachs-Brei 55

S

SCHINKEN
Lachsfilet mit Polenta und buntem Ofengemüse 137
Schinken-Gemüse-Nudel-Brei 83

SCHMELZFLOCKEN
Gute-Nacht-Brei mit Mangopüree 63

SCHWEINEFLEISCH
Erste Leberwurst 115
Fleischbrei auf Vorrat 41

SELLERIE
Auberginen-Möhren-Gurken-Brei 47
Blumenkohl-Kartoffel-Fleischbrei 79
Bunter Möhren-Sellerie-Brei 49
Erste Leberwurst 115
Gemüse-Fleisch-Brei auf Vorrat 39
Gemüse-Hühnereintopf mit Nudeln 89
Nudeln mit Bolognesesauce 111
Reichhaltiges Rahmgemüse 75

SPINAT
Grüne Spinatnudeln 105
Saftig grüner Spinatbrei 23

STECKRÜBEN
Steckrüben-Möhren-Brei 101

SÜSSKARTOFFELN
Lamm mit Süßkartoffel 85
Süßkartoffel-Puten-Brei 57

T

TOMATEN
Couscousbrei mit Gemüse 91
Hackfleisch-Möhren-Mais-Brei 87
Lachsfilet mit Polenta und buntem Ofengemüse 137
Leckerer Tomatenrisotto 103
Nudeln mit Bolognesesauce 111

TRAUBEN
Bananen-Trauben-Reisbrei 31

Z

ZUCCHINI
Couscousbrei mit Gemüse 91
Fenchel-Zucchini-Puten-Brei 81
Reichhaltiges Rahmgemüse 75

ZWIEBACK
Zwiebackbrei mit Heidelbeeren 69

ZWIEBELN
Graupenrisotto mit Möhren, Fenchel und Oliven 133

ADRESSEN, DIE WEITERHELFEN

Bundeszentrum für Ernährung (BZfE)
Kompetenz- und Kommunikationszentrum für Ernährungsfragen in Deutschland – www.bzfe.de

Bundesanstalt für Landwirtschaft und Ernährung (BLE)
Broschüren, Flyer und Handlungsempfehlungen zur Ernährung – www.ble-medienservice.de

Bundesinstitut für Risikobewertung (BfR)
Unabhängige wissenschaftsbasierte Risikobewertung u.a. von Lebensmitteln – www.bfr.bund.de

Bundesministerium für Ernährung und Landwirtschaft (BMEL)
Verbraucherinformationen, Gesunde Ernährung, Lebensmittelkennzeichnung u.v.m. – www.bmel.de

Deutsche Gesellschaft für Ernährung e. V. (DGE)
D-A-CH-Referenzwerte für die Nährstoffzufuhr, Leitlinien, Stellungnahmen u.v.m. – www.dge.de

Forschungsdepartment Kinderernährung (FKE)
Förderung der Gesundheit von Kindern und Prävention ernährungsmitbedingter Krankheiten – www.fke-do.de

La Leche Liga Deutschland e.V. (LLL)
Stillberatung & Stillinformationen – www.lalecheliga.de

Marine Stewardship Council (MSC)
Qualitätssiegel für nachhaltige Fischerei – www.msc.org

Nationale Stillkommission
Richtlinien und Empfehlungen zur Förderung des Stillens
www.mri.bund.de/de/themen/nationale-stillkommission

DANKSAGUNG

Ich möchte mich ganz besonders bei meiner Familie bedanken. Ohne eure tatkräftige Unterstützung wäre dieses Beikost-Kochbuch wohl nie fertig geworden. Danke für eure aufbauenden Worte, das Sichten hunderter Fotos und das Testen aller hier aufgeführten Rezepte. Danke Jesper und Lene, dass ihr mich beim Fotografieren unterstützt habt und auch noch nach einer halben Stunde Reflektorhalten gelächelt habt. Ohne euer Verständnis und ohne eure Bereitschaft, in dieser Zeit zurückzustecken, hätte ich dieses Buch nicht schreiben können. Danke!

Bedanken möchte ich mich auch bei dem EMF Verlag und meiner Lektorin Marline Ernzer. Danke für euer entgegengebrachtes Vertrauen und dafür, dass ich dieses Buch machen durfte. Mein Dank gilt auch Mari vom Blog „Baby, Kind und Meer" für die Geschirr-Leihgabe.

Wie dieses Buch zu Stande kam? **Babybrei** ist mir eine Herzensangelegenheit. Denn schon bei unseren Babys legen wir den Grundstein für ihr späteres Essverhalten. Ich kann mich noch gut an die ersten Monate zu Hause mit Baby erinnern, an denen ich nicht selten bis mittags im Schlafanzug und mit dicken Augenringen rumlief. Leider hatte ich zu den Breizeiten meiner Tochter keinen kompletten Ratgeber mit Rezepten und Hintergrundwissen zum Breikochen. Somit war vieles wesentlich anstrengender und aufwendiger. Mit dem Pürierstab habe ich so manches Mal die Küche vollgespritzt. Deswegen geht mein Dank an jede einzelne Mutter, die sich die Zeit nimmt, ihrem Baby den Brei selbst zu kochen. Ich hoffe, Sie haben genauso viel Freude an der Breizeit, wie ich sie hatte.

Außerdem möchte ich mich noch bei dem Onlineshop Truls & Trine bedanken. Ich durfte mir eine kleine Auswahl aus ihrem wunderschönen Sortiment für meine Fotos aussuchen. Ein Blick in den Shop lohnt sich!

ÜBER DIE AUTORIN

Désirée Peikert wuchs in einer Großfamilie als eines von sechs Kindern auf. Ihre Kindheit verbrachte sie zum Großteil in Australien, Afrika und der Südsee. Heute lebt sie mit ihrem Mann, ihrer Tochter und einer Handvoll Tieren auf dem Land in Schleswig-Holstein. Als berufstätige Mutter weiß sie, wie anspruchsvoll es sein kann, täglich etwas Leckeres und Frisches für die Familie zu kochen. Sie gab jahrelang Kochkurse und war mit viel Spaß als Thermomix-Repräsentantin und Gruppenleiterin unterwegs. Während dieser Zeit begegnete sie vielen Familien mit den unterschiedlichsten Ansprüchen und Essgewohnheiten. Nicht zuletzt dadurch vertiefte sie ihr Wissen über Ernährung. Im Sommer 2015 gründete sie ihren Foodblog a-matter-of-taste.de. Heute arbeitet Désirée als Rezeptentwicklerin und freie Foodfotografin u. a. für das Magazin „mein ZauberTopf". Das Buch **Babybrei** ist eine absolute Herzensangelegenheit, denn der Grundstein für eine ausgewogene Ernährung fängt schon bei den Kleinsten an. Und die sind schließlich das Kostbarste, was wir haben.

> Ich finde es großartig, Kindern von Anfang an eine breite Palette an gesunden Nahrungsmitteln anzubieten. Dabei spielen regionales und saisonales Obst und Gemüse für mich eine große Rolle. Mit diesem Buch möchte ich Mütter inspirieren und ihnen Mut machen, frische und abwechslungsreiche Mahlzeiten für ihre Babys und Kleinkinder zuzubereiten.

Désirée Peikert

IMPRESSUM

Bibliografische Information der Deutschen Bibliothek.

Die Deutsche Bibliothek verzeichnet diese Publikation in der Deutschen Nationalbibliografie. Detaillierte bibliografische Daten sind im Internet über http://www.dnb.de/ abrufbar.

Alle in diesem Buch veröffentlichten Abbildungen sind urheberrechtlich geschützt und dürfen nur mit ausdrücklicher schriftlicher Genehmigung des Verlags gewerblich genutzt werden. Eine Vervielfältigung oder Verbreitung der Inhalte des Buchs ist untersagt und wird zivil- und strafrechtlich verfolgt. Das gilt insbesondere für Vervielfältigungen, Übersetzungen, Mikroverfilmungen und die Einspeicherung und Verarbeitung in elektronischen Systemen.

Die im Buch veröffentlichten Aussagen und Ratschläge wurden von Verfasser und Verlag sorgfältig erarbeitet und geprüft. Eine Garantie für das Gelingen kann jedoch nicht übernommen werden, ebenso ist die Haftung des Verfassers bzw. des Verlags und seiner Beauftragten für Personen-, Sach- und Vermögensschäden ausgeschlossen.

Bei der Verwendung im Unterricht ist auf dieses Buch hinzuweisen.

EIN BUCH DER EDITION MICHAEL FISCHER

1. Auflage 2020

© 2020 Edition Michael Fischer GmbH, Donnersbergstr. 7, 86859 Igling

Cover, Satz und Layout: Lara Nelles
Projekleitung und Lektorat: Marline Ernzer
Fotos: Désirée Peikert; ab S. 130: Stefanie Hiekmann; S. 5: Kathrin Knoll; S. 143: Annika Loewe/Jessen Fotografie; Cover: Shutterstock/Tomsickova Tatyana
Rezepte: Désirée Peikert; ab S. 131 Dagmar Reichel
Illustrationen: Shutterstock: Natalia N, Skeleton Icon, ksenvitaln, Vissay

ISBN 978-3-96093-677-0

Gedruckt bei Polygraf Print, Čapajevova 44, 08001 Prešov, Slowakei

www.emf-verlag.de